Ursula Winnington

Kleines Gewürzbuch für Kinder

Illustrationen von Gisela Röder

Der Kinderbuchverlag Berlin

Jungen und Mädchen der Arbeitsgemeinschaft »Kochen und Backen« der Polytechnischen Oberschule »Otto Nagel« in Bergholz-Rehbrücke haben mit ihrer Hortleiterin, Frau Grete Schimanski, die im Buch aufgeführten Rezepte ausprobiert. Die Autorin und der Verlag danken ihnen allen sehr, auch der stellvertretenden Direktorin, Frau Strohmeyer, für ihre freundliche Unterstützung.

In der Arbeitsgemeinschaft waren besonders aktiv:
Matthias Donath, 10 Jahre
Antje Graf, 12 Jahre
Silvia Grimm, 10 Jahre
Enrico Krüger, 10 Jahre
Katrin Leuchtmann, 8 Jahre
Anne-Katrin Sachse, 12 Jahre
Ina Schröder, 9 Jahre
Petra Weise, 8 Jahre

Wir empfehlen, zum Ausprobieren der Rezepte ein Elternteil zu gewinnen, um genügend Sicherheit im Umgang mit den Kochgeräten, Nahrungsmitteln und Gewürzen zu erwerben.

ISBN 3-358-00665-4

3. Auflage 1987
© DER KINDERBUCHVERLAG BERLIN – DDR 1984
Lizenz-Nr. 304-270/513/87-(100)
Gesamtherstellung: Karl-Marx-Werk Pößneck V15/30
LSV 7891
Für Leser von 10 Jahren an
Bestell-Nr. 631 682 8
00680

Inhalt

Meisterschaft im Würzen

Zum guten Würzen gehören Gewürzkenntnisse, Fingerspitzengefühl, entwickelter Geschmackssinn und ein wenig — Mut.

Es bereitet Vergnügen, die Wohlgerüche und Geschmackseigenschaften der einzelnen Gewürze zu erkunden. Kennen wir erst so wichtige Gewürze wie Koriander, Salbei, Oregano oder Liebstöckel, wissen wir, welcher Unterschied zwischen Muskatnuß und Muskatblüte, zwischen weißem, grünem und schwarzem Pfeffer, zwischen Anis und Sternanis besteht, ist uns der Schärfegrad von Chillies und der verschiedenen Paprikasorten kein Geheimnis mehr, dann macht das Würzen Spaß.

Gutes Fingerspitzengefühl brauchen wir vor allem, wenn es um die feinen Abstufungen geht. Oft möchten wir die im Rezept angegebenen Gewürzmengen nach eigenem Geschmack verändern. Eine Prise Paprika erscheint uns vielleicht zuwenig, eine Messerspitze Chilipulver bereits zuviel. Bestimmte Gewürze sind sehr intensiv und verlangen sparsamsten Gebrauch, mit anderen dürfen wir dagegen verschwenderisch umgehen. Muskatnuß zum Beispiel erfordert Zurückhaltung, Currypulver dürfen wir großzügig, Petersilie und Dill sehr reichlich verwenden.

Um all das herauszufinden, um gut abschmecken zu können, müssen wir einen guten Geschmack frühzeitig trainieren. Eine feine Zunge erwerben wir beim Kochen und beim Essen: »Wenn du eine Speise kochst, mußt du drei Dinge beachten: Sie muß dein Auge erfreuen, ihr Aroma muß dich betören, und sie muß dir den Mund wäßrig machen«, sagten alte Würzmeister.

Schmeckt uns woanders etwas besonders gut, sollten wir keine Zurückhaltung üben, sondern versuchen herauszufinden, welche Gewürze verwendet wurden. Das kann schnell zur angenehmen Gewohnheit werden und uns veranlassen, jeden Pfefferkuchen, jeden Pudding, jede Soße, die wir an einem fremden Tisch verspeisen, in Gedanken zu testen. Ist der Reis mit Kardamom gewürzt? Stammt der feine Geschmack des Birnenkompotts von Nelkenpulver oder von Piment? Rührt die gelbe Farbe des Risottos von Safran oder von Kurkuma her? Können wir das Würzgeheimnis nicht selbst ergründen, fragen wir die Gastgeber. Selbst wenn sie uns nur die Hälfte verraten, ist das schon ein Gewinn.

Ohne Mut wird man kein Würzmeister. Sobald wir das Würzhandwerk einigermaßen beherrschen, drängt es uns danach, selbst zu experimentieren. Wir können getrost mit den in der Familie oft eintönig gewordenen Würzsitten brechen, unsere Angehörigen mit neuen Geschmacksnoten überraschen und vorhandene Vorurteile abbauen helfen. Dabei müssen wir auf Widerstand gefaßt sein. Abfällige Bemerkungen oder gar Ablehnung dürfen uns nicht abschrekken. Wenn wir unsere Sache gut machen und Ausdauer bewahren, ändert sich das schnell.

Gewürze sollen ihr besonderes Aroma in die Speise einbringen, sich dort mit den anderen Zutaten harmonisch vereinen, aber sie dürfen nie vorschmecken! Kenner verleihen einer Speise dann das höchste Prädikat, wenn sie die verwendeten Gewürze nur mit Mühe herausfinden können. Die Kunst besteht darin, jedem Gericht eine eigene Würze zu verleihen. Eine Tomatensuppe, die einen Hauch Madeira verrät, oder die Soße des knusprigen Entenbratens, welche nach Apfelsinen duftet und schmeckt, verrät den Könner. Es gibt unendlich viele Würzvarianten, die in keinem Kochbuch stehen, sondern der eigenen Phantasie und oft auch dem Zufall entspringen.

Gewürze und ihre Wirkstoffe

Pflanzen oder Teile von ihnen, die angenehme Geruchs- und Geschmacksreize ausüben und sich zum Würzen der Nahrung eignen, waren zu allen Zeiten begehrt und geschätzt: aromatische Wurzeln, Wurzelstöcke, Zwiebeln, Rinden, Blätter, Kräuter, Blüten, Früchte und Samen.

Gewürze enthalten viele sehr verschiedenartige Wirkstoffe, die den Geschmack unserer Grundnahrungsmittel steigern beziehungsweise ändern können. Zu den charakteristischen Wirkstoffen gehören ätherische Öle, Bitterstoffe und Gerbstoffe.

Ätherische Öle sind Stoffe mit einem typischen, starken Duft, die durch Auspressen oder durch Lösungsmittel beziehungsweise durch Wasserdampfdestillation gewonnen werden können. Im Unterschied zu fetten Ölen, die auf Papier einen bleibenden Fettfleck hinterlassen, verflüchtigen sich ätherische Öle schon bei Zimmertemperatur, ohne eine Fettspur zurückzulassen. Gegenüber Licht und Luft sind sie sehr empfindlich. Ätherische Öle sind in fast allen in- und ausländischen Gewürzen enthalten, zum Beispiel im Bohnenkraut, Kümmel, Liebstöckel, Zimt sowie in der Zitronenschale. Drücken wir ein Stückchen Zitronenschale über einer brennenden Kerze vorsichtig aus, flammt das entweichende ätherische Öl auf.

Ätherische Öle können unter anderem appetitanregend und verdauungsfördernd wirken, weil sie die Produktion des Magensaftes fördern. Wie bereits erwähnt, haben sie auch die Eigenschaft, sich bei Erwärmung zu verflüchtigen. Andererseits können sie ihr Aroma erst bei Erwärmung richtig entfalten. Das muß beim Kochen bedacht werden. Näheres darüber finden wir bei der Darstellung der einzelnen Gewürze.

Einige Gewürzpflanzen enthalten außer den ätherischen Ölen auch Lauchöle (Senfölglykoside). In sämtlichen Arten der Familie der Lauch- und Zwiebelgewächse, wie Knoblauch, Schnittlauch und Zwiebeln, bilden sie die typische Gewürzkomponente. Die Besonderheit der Lauchöle besteht darin, daß sie in der Pflanze in gebundenem Zustand vorkommen und sich zunächst weder durch Geruch noch Geschmack bemerkbar machen. Zwiebeln und Knoblauch lassen sich aus diesem Grunde ohne weiteres mit anderen Nahrungsmitteln aufbewahren, ohne deren Geschmack zu beeinflussen. Erst wenn das Pflanzengewebe zerstört wird, zum Beispiel beim Schneiden oder Hacken, entwickeln die Lauchöle ihr würziges Aroma und verursachen einen brennenden Geschmack.

Auch bei den Gewürzen aus der Familie der Kreuzblütengewächse, zu der Senf, Kresse und Meerrettich gehören, wird das in ihnen enthaltene typisch riechende, auf der Zunge scharf brennende Senföl erst beim Zerstören des Pflanzengewebes frei.

Bitterstoffe sind, wie der Name sagt, bitter schmeckende Pflanzenstoffe, die in erster Linie den Appetit anregen und zur vermehrten Bildung von Magensaft beitragen. Sie sind unter anderem in Beifuß, Estragon, Lavendel, Majoran, Thymian, Ingwer und Wermut enthalten.

Gerbstoffe haben einen angenehmen Geschmack und wirken auf die Schleimhaut des Mundes zusammenziehend. Unter dem Einfluß von Sauerstoff zersetzen sie sich schnell. Gerbstoffhaltige Gewürze wie Oregano, Rosmarin und Majoran müssen daher luftgeschützt aufbewahrt werden. Gerbstoffe sind zum Beispiel auch in Hagebutten, Preiselbeeren, Moosbeeren, in gebrühtem Tee und in der frischen Kakaobohne enthalten. Sie wirken leicht stopfend.

Im Gegensatz zu den fettlöslichen ätherischen Ölen sind Gerbstoffe wie die Bitterstoffe wasserlöslich. Beim Erwärmen verflüchtigen sie sich nicht. Durch zu langes Mitkochen nehmen sie jedoch oft einen bitteren Geschmack an. Daher ist es ratsam, Gewürze, die größere Mengen an Gerbstoffen enthalten, den Speisen erst gegen Ende des Kochvorgangs beizufügen.

Aus der Zeit, in der Gewürze teuer waren, stammt die auch heute noch gelegentlich vertretene Ansicht, Gewürze seien gesundheitsschädlich. Namhafte Wissenschaftler, die sich eingehend mit den biologischen Wirkungskräften der Gewürze befaßt haben, konnten manche solcher alten Vorurteile abbauen. So fanden sie unter anderem heraus, daß mit Curry, Ingwer, Paprika, Pfeffer oder Senf gewürzte Speisen jeweils eine weitaus größere Speichelmenge verursachen als die gleichen ungewürzten Gerichte. Mehr Speichel bedeutet mehr Verdauungsenzyme. Eine gewürzte Speise, bei der uns das Wasser im Munde zusammenläuft, bekommt uns daher besser als fades Essen. Versuche deuten auch darauf hin, daß Gewürze die Verdauung im Magen und im Darm, die Bildung von Gallensaft und die Entleerung der Gallenblase fördern. Erwiesen ist die auf Bakterien wachstumshemmende Wirkung von Paprika, Knoblauch und Meerrettich.
Gewürze können zudem die Herztätigkeit beeinflussen. Nach einer gut gewürzten Mahlzeit schlägt das Herz schneller; wir können das an uns selber erproben. Ein zu hoher Gewürzverbrauch kann jedoch unter Umständen negative Folgen haben, namentlich bei Menschen mit hohem Blutdruck. Wer krank ist, muß im Zweifelsfall den Arzt befragen. Andererseits kann gerade das Gewürz einer notwendigen salzlosen Diät guten Geschmack verleihen.

In modernen Arzneibüchern werden zahlreiche Gewürze empfohlen: Anis hilft bei Blähungen und Darmkatarrh, Nelken stärken den Magen, und ihr Öl ist wertvoll in der Zahnmedizin, Kümmel vertreibt Blähungen und wirkt ebenfalls magenstärkend, ähnlich wie Dill, Fenchel, Ingwer und Zimt. Thymian wird bei Keuchhusten und Bronchitis angeraten. Paprika und Chillies gelten als besonders günstig für den Blutkreislauf.

Herkömmliche Mengen an Gewürzen sind für den gesunden Menschen unschädlich. Gewürzmißbrauch wird in der Regel durch das eigene Geschmacksempfinden ausgeschlossen. Stark überwürzte Speisen schmecken uns nicht.

Gewürze als Heilmittel

Die Suche nach wirksamen Heilmitteln gegen Krankheit und Tod ist so alt wie die Menschheit selbst. Nach neueren Forschungen haben die Menschen schon vor Jahrtausenden um die heilende Wirkung verschiedener Kräuter gewußt. Die Erfahrungen unserer Vorfahren wurden von Generation zu Generation weitergegeben. Erst seit dem Erscheinen der mittelalterlichen Kräuterbücher besitzt der Mensch auch schriftliche Kunde über die Heilkraft bestimmter Pflanzen. Viele der gewonnenen Kenntnisse finden wir noch heute in den alten Hausmitteln. Bei Magenbeschwerden greifen Vater und Mutter zu Dreierleitropfen, bei Nervosität nehmen sie Baldrian, und um sich zu stärken, trinken sie gern ein Gläschen Melissengeist. Das Thüringer »Elixier Tatar«, unter anderem aus Schafgarbe, Wermut, Koriander, Melissenblatt, Enzianwurzel, Salbei und Wacholder, ist schon in vielen Familien als verläßliches Hausmittel bekannt. Wie wir der Aufzählung entnehmen können, verwendet man zu seiner Herstellung nicht nur Heilkräuter, sondern auch Gewürzpflanzen.

Unter den insgesamt zweihundert von der Wissenschaft beschriebenen Heilmitteln pflanzlicher Herkunft, die bis zum heutigen Tag zur Bekämpfung vieler Krankheiten angewendet werden, befinden sich auch Paprika und Knoblauch.

Wenn wir von Gewürzen als Heilmittel sprechen, müssen wir eines bedenken: Mit Arzneimitteln, die auf der Grundlage pflanzlicher Wirkstoffe aufgebaut sind, nehmen wir weit mehr pflanzliche Inhaltsstoffe auf als mit unseren Speisen. Denn beim Würzen verwenden wir nur sehr geringe Mengen. Überdies gelangen die Gewürze unregelmäßig in unseren Körper, so daß eine Heilwirkung lediglich sehr schwach sein kann. Die Heilkraft bestimmter Gewürz- und Heilpflanzen wird erst dann voll wirksam, wenn wir sie als Arzneimittel, die höhere Dosen in konzentrierter Form enthalten, regelmäßig zu bestimmten Zeiten und entsprechend dosiert einnehmen. Das ist zum Beispiel bei Kräuterextraktionen oder Kräutermischungen der Fall.

Heil- und Gewürzpflanzen können in unserem Körper die unterschiedlichsten Reaktionen herbeiführen. Vieles haben die Mediziner und Ernährungswissenschaftler bereits erforscht, doch welche speziellen Lebensvorgänge im gesunden oder kranken Organismus durch die geruchs- und geschmackswirksamen Nahrungsbestandteile beeinflußt werden, vermögen sie bis jetzt nicht genau zu sagen.

In der Literatur sind bisher dreihundert Heilpflanzen — darunter auch Gewürzpflanzen — beschrieben. Nahezu einhundert von ihnen werden heute noch für Heilzwecke verwendet. Obwohl die moderne Medizin von Jahr zu Jahr über immer bessere synthetische Medikamente verfügt, haben die natürlichen Wirkstoffe vieler Pflanzen auch weiterhin einen festen Platz bei der Vorbeugung und Heilung von Krankheiten. Nach Aussagen der Statistik werden bei uns etwa 30 Prozent der in Apotheken erhältlichen Arzneimittel auf der Grundlage pflanzlicher Wirkstoffe aufgebaut.

In früheren Zeiten spielten gewisse Giftpflanzen eine bedeutende Rolle als Heilmittel. Viele der in ihnen enthaltenen wichtigen Wirkstoffe haben Chemiker inzwischen analysiert und dadurch eine synthetische Herstellung ermöglicht. Dazu gehört zum Beispiel der Wirkstoff des Roten Fingerhuts (Digitalis purpurea), der bis heute zu den bewährtesten Medikamenten bei der Behandlung von Herz- und Kreislauferkrankungen zählt, sowie das aus dem orientalischen Schlafmohn gewonnene schmerzstillende Morphium.

So manche Heilverordnung unserer Vorfahren hat sich im wissenschaftlichen Labor jedoch nicht als so wundertätig erwiesen, wie es ihr einst zugeschrieben wurde. Das gilt zum Beispiel für Ysop, der als Mittel gegen Schwindsucht empfohlen wurde, und für Angelika, welches die Pest vertreiben sollte. Solche Beispiele ließen sich beliebig weiterführen. Wissenschaftlich erwiesen ist, daß Ysop verdauungsfördernd, appetitanregend und hemmend bei Nachtschweiß wirkt. Die Pflanze wird auch als auswurfförderndes Mittel bei Husten und zum Gurgeln empfohlen. Angelika hat sich besonders als magenstärkend und appetitanregend bewährt.

Daß alte Kräuterrezepturen der sagenumwobenen Kräuterweiblein dennoch eine Daseinsberechtigung haben können, bewiesen unlängst sowjetische Wissenschaftler. Ihre Analysen von 150 alten Kräuterrezepten ergaben, daß die meisten der Zusammensetzung moderner Medikamente entsprachen.

Es ist also durchaus lohnenswert, wenn wir uns nicht nur für Gewürze interessieren, sondern auch hinausziehen in Wald, Feld und Flur, um wie unsere Vorfahren bestimmte heilkräftige Pflanzen zu sammeln. Viele Pioniergruppen sammeln bereits Kräuter und Heilpflanzen und liefern sie in Aufkaufzentren ab. Damit erweitern sie nicht nur ihren Erfahrungsschatz, sie leisten unserer Medizin auch einen wichtigen Dienst.

Hier eine kleine Auswahl dessen, was wann gesammelt werden kann: Holunderblüten von Juni bis Juli; Weißdornblüten mit Blättern von Mai bis Juli; Wermutkraut mit Blüten von Juli bis August; Erdbeerblätter von Mai bis August; Quendelkraut (Feldthymian) von Juli bis September; Heidelbeerkraut von Juni bis August; Zapfen von wildwachsendem Hopfen von August bis September; Hagebutten im September; Löwenzahnkraut mit Wurzeln von April bis August; Feldstiefmütterchen von Mai bis August.

Aus der Geschichte der Gewürze

Legenden von gewaltigen Vögeln, die Menschen forttragen können, von großen todbringenden Fledermäusen und riesigen giftigen Schlangen gingen lange von Mund zu Mund, bevor sie als Geschichten oder Märchen niedergeschrieben wurden wie in »Tausendundeiner Nacht«. Sie sollten die Leute unterhalten, ihnen manchmal auch Angst einjagen, um zu verhindern, daß jemand Dingen nachspürt, die andere geheimhalten wollten.

Solche Zweckmärchen fielen oft auf fruchtbaren Boden. Selbst so ein weitgereister Mann wie der griechische Gelehrte Herodot (484–425 v. u. Z.) nahm sie für bare Münze. In einem seiner Reiseberichte hat er einige davon als wahre Begebenheiten notiert.

Darin erzählt er von gigantischen Vögeln in Arabien, die ihre Nester aus Zimtzweigen an steil abfallende

Bergfelsen bauten, zu denen kein Mensch Zugang fand. Zimt war ein sehr kostbares Gewürz, und Herodot glaubte die Mär von den klugen Händlern, die eine List ersonnen hatten, um in den Besitz der begehrten Zimtnester zu gelangen. Danach zerschnitten sie Eselsfleisch in riesige Stücke und legten diese in der Nähe der Nester als Köder aus. »Die Vögel fassen diese Fleischstücke«, berichtet Herodot, »und tragen sie in ihre Nester; diese aber können die schwere Last nicht halten und stürzen zur Erde herab. Dann kommen die Araber und sammeln den Zimt ein, den sie später in andere Länder bringen.«

Die Ernte von Kassia, einer Zimtart, beschrieb Herodot besonders aufregend: Danach umhüllen die Araber »mit Fellen und anderen Häuten den ganzen Körper und auch das Gesicht bis auf die Augen und gehen so auf die Kassiasuche. Sie wächst in Tümpeln, die nicht allzu tief sind, an denen sich aber geflügelte Tiere aufhalten, die den Fledermäusen sehr ähnlich sind. Sie schwirren entsetzlich und sind sehr angriffslustig.«

Herodot ahnte nicht, daß die arabischen Händler mit diesen Geschichten ihre wahren Zimtquellen geheimhalten und ihren Kunden im Mittelmeerraum Wucherpreise für das unter soviel »Gefahren« eingesammelte Gewürz abverlangen wollten. Er hielt übrigens Arabien für das letzte bewohnte Land gegen Süden. »Dort wächst allein von allen Ländern Weihrauch, Myrrhe, Kassia, Zimt und Baumharz. Das alles gewinnen die Araber mit Ausnahme der Myrrhe nur unter großen Schwierigkeiten«, schrieb er. (Myrrhenbäume wuchsen im sagenhaften Land Punt an der Somaliküste Afrikas.)

Im Gegensatz zu Herodot erhob Theophrast (um 372—287 v. u. Z.), der oft als Begründer der wissenschaftlichen Botanik bezeichnet wird, einige Jahrzehnte später bereits Bedenken gegen eine ähnliche Behauptung arabischer Händler, Zimt wachse in Schluchten, wo viele Schlangen leben, deren Biß tödlich ist. Erst der römische Schriftsteller Plinius d. Ä. (23 u. Z.–79 u. Z.) durchschaute ihre Tricks: »Jedoch sind alle diese Geschichten offenbar nur erfunden worden, um die Preise in die Höhe zu treiben.« Aber Plinius' Vermutung, Zimt und Kassia wüchsen in Äthiopien, war genauso falsch.

Diese beiden begehrten Gewürze des Altertums – vom Pfeffer abgesehen – gediehen weder in Arabien noch in Äthiopien, sondern in Ostindien, Südchina und auf der Insel Ceylon, dem heutigen Sri Lanka. Malaiische, indische und arabische Seefahrer brachten das kostbare Gut in südarabische Häfen, wo es arabische Händler übernahmen und mit Karawanen über Land in die großen Mittelmeerhäfen transportierten. Von dort gelangte es auf Schiffen in die Mittelmeerländer.

Wegen seiner geographischen Lage war Arabien für den Gewürzhandel besonders günstig. Bis zum Zeitalter der großen Entdeckungen, im 14. und 15. Jahrhundert, hielt es daher den gewinnbringenden Zwischenhandel mit Europa und Asien fest in seinen Händen.

Die Geschichte der Gewürze zeugt von Phantasie und Mut, zugleich von Gewinnsucht und Raub, Eroberung und Unterdrückung, Gewalt und Grausamkeit. Unser Büchlein vermag nur wenige Einblicke zu vermitteln.

Kochsalz spielte schon in der Urgesellschaft eine wichtige Rolle im Leben der Menschen. Es macht die Speisen schmackhaft, und im Körper gleicht es den Salzverlust aus, der durch das Schwitzen entsteht. Zur Zeit der Jäger und Sammler waren die Menschen nicht seßhaft. Sie zogen umher und legten ihre Wanderlinien danach fest, wo sie neben Wasser und Nahrung auch Salz fanden. Sie brauchten die Salzlager jedoch nicht auf.

Später, als sie es gelernt hatten, Ackerbau zu betreiben und Vieh zu züchten, wurden sie seßhaft. Auch sie schätzten das Salz. War jedoch das örtliche Vorkommen erschöpft, mußten sie es sich auf dem Tauschwege beschaffen. Wie wir heute wissen, wurde Salz schon in frühgeschichtlicher Zeit über erstaunlich weite Entfernungen transportiert. Das machte das Salz kostbarer. Man ging sparsamer mit ihm um und verbesserte den Geschmack der Speisen mehr mit Kräutern und Gewürzen.

Salz — besser gesagt, der Mangel an Salz — förderte also den Handel und spornte die Menschen zugleich an, mehr Gewürze und Kräuter anzubauen.

In der Regel hinterlassen Pflanzen den Archäologen für ihre Forschung nur wenige Spuren. Dennoch können wir mit Sicherheit annehmen, daß bereits die Menschen der Altsteinzeit, in der unsere Vorfahren noch Jäger und Sammler waren, mit würzigen Pflanzen den Geschmack ihres erjagten Fleisches, ihrer erbeuteten Fische und gesammelten Wurzeln verbesserten und ihre Nahrung bekömmlicher machten. So haben die Menschen nachweislich schon in sehr früher Zeit Senfkörner mit ihrem Fleisch gekaut und sich geröstete wilde Weizen- und Gerstensamen auf bestimmte Speisen gestreut, wodurch diese einen angenehmen nußartigen Geschmack bekamen.

Die ersten Bodenfunde, die etwas über die Verwendung von Gewürzen aussagen, stammen aus der vor 7 000 Jahren beginnenden Jungsteinzeit. In Pfahlbausiedlungen seßhafter, ackerbautreibender Dorfgemeinschaften Europas förderten Wissenschaftler Mohn, Angelika und Kümmel zutage, auch fladenförmiges Gebäck aus Weizen, Gerste und Hirse.

Zu dieser Zeit gelang es den Menschen, feuerfeste Töpfe herzustellen, in denen sie kochen konnten. Das ermöglichte ihnen unter anderem, Gewürze und Kräuter sorgsamer zu verwenden, als sie es beim Grillen und Rösten am offenen Feuer vermochten.

Schriftliche Kunde über den Gebrauch von Gewürzen im Orient haben wir durch Keilschrift-Tontafeln. Diejenigen aus der Bibliothek des assyrischen Königs Assurbanipal (668–626 v. u. Z.) berichten über die Verwendung von Dill, Kardamom, Koriander, Knoblauch, Kümmel, Thymian, Sesam und Safran in Mesopotamien, dem einstigen Land zwischen Euphrat und Tigris. Assyrer und Babylonier haben diese Gewürze bereits angebaut und zugleich kostbare exotische Spezereien (überseeische Gewürze) in großen Mengen aus dem Osten eingeführt.

Auch von anderen Völkern des Orients besitzen wir schriftliche Hinweise über die vielseitige und kultivierte Weise, Gewürze zu verwenden. Die Perser waren berühmt für ihren Koriander- und Safrananbau. Früher dienten in Indien heimische Gewürze wie Kardamom, Kurkuma, Pfeffer, Nelken und Muskatnüsse zum Würzen der Reisnahrung und als Heilmittel.

Ingwer und Sternanis gehören zu den ältesten chinesischen Gewürzen.

Im antiken Griechenland kannte man bereits alle unsere heutigen Gewürze. Das einfache Volk verwendete heimische Kräuter wie Ysop, Rosmarin, Fenchel, Anis, Minze, Koriander, Majoran, Thymian sowie Lorbeerblatt, Zwiebeln und Knoblauch. Die reichen

Patrizier hingegen waren vor allem auf die kostbaren fremdländischen Gewürze versessen. Neben Zimt und Kassia begehrten sie vor allem schwarzen Pfeffer. Griechische Soldaten hatten ihn von ihrem Feldzug nach Indien unter Führung Alexanders des Großen (356—323 v. u. Z.) mit nach Hause gebracht. Wahrscheinlich hatte dieser seinen Kriegszug unternommen, um in den Besitz der Handelsstraße und der dort transportierten Handelsware zu gelangen.

Eine umfangreiche Liste von Heilkräutern und Gewürzen hat uns der hervorragende griechische Arzt und Kenner der Natur Hippokrates von Kos (460—377 v. u. Z.) hinterlassen. Über zweihundert der darin erwähnten Gewürze und Kräuter sind heute noch in Gebrauch. Der bereits erwähnte Grieche Theophrast (um 372—287 v. u. Z.) beschreibt die Heilkraft von Zimt, Thymian, Minze sowie Pfeffer; und in dem umfassenden Werk des Griechen Dioskurides »De materia medica« aus dem 1. Jahrhundert sind bereits über sechshundert Arznei- und Gewürzpflanzen verzeichnet. Die großen Kenntnisse über Gewürz- und Heilpflanzen hatte sich Dioskurides als Militärarzt und Begleiter der Legionen nach Afrika, Spanien und Gallien erworben. Bis ins 16. Jahrhundert war sein Buch eine unerschöpfliche Quelle des Wissens und der Belehrung.

Über ein Jahrtausend lang galten die Werke des griechisch-römischen Philosophen und Arztes Galenus (129—um 199) aus Pergamon in der Wissenschaft als unantastbar. Einige seiner Arzneimittel-Vorschriften haben sich bis heute erhalten. Galenus hat auch schon die in den Nahrungsmitteln vorhandenen Heilkräfte dargestellt, und ein Verzeichnis ist uns überliefert, worin er heimische Gewürze aufzählt, die in Notzeiten und bei Geldmangel als Ersatz für die teuren Spezereien dienen konnten.

Die Römer lernten den Umgang mit Gewürzen von den Griechen. Während der römischen Kaiserzeit gingen die begüterten Römer mit den Gewürzen äußerst verschwenderisch um. Teure Spezereien aus fernen Ländern waren Ausdruck von Macht und Reichtum. In der Stadt Rom wurden bereits die besonderen Würzsoßen hergestellt. Sehr beliebt war Liquamen, eine Soße aus Fisch, Salz, Wein und vielen Gewürzen. Auch Silphium, ein würziges Kraut aus Cyrene, einer früheren griechischen Kolonie in Nordafrika, war begehrt. Es stellte zugleich einen wichtigen Exportartikel dar; König Arkesilaos von Cyrene überwachte um 565 v. u. Z. persönlich die Wägung und den Versand. Offensichtlich hat man Silphium rücksichtslos geerntet, denn bereits zu Lebzeiten Neros war die Pflanze ausgestorben.

Ein Blick in das erste Kochbuch der Welt verrät, wie würzig die römische Küche gewesen sein muß. Fast jedes Rezept schreibt Pfeffer vor. Daneben werden Majoran, Liebstöckel, Ingwer, Thymian, Petersilie, Ysop, Safran, Dill, Knoblauch und Senf besonders häufig genannt, meist in Verbindung mit Honig, Wein und Essig. Autor dieses Kochbuches war der um die Zeitenwende lebende reiche Römer Apicius.

Als sich das Römische Reich immer mehr ausdehnte, brauchte es eine gewaltige Armee, und diese mußte ernährt werden. Das hatte zur Folge, daß das Volk weiter verarmte. Die reichen Sklavenhalter häuften dagegen Reichtum wie Gold und exotische Gewürze an und lebten im Überfluß. Ihre Vorliebe für ausgefallene Speisen ermutigte arabische Kaufleute, die Preise für Gewürze in die Höhe zu treiben. Das veranlaßte die Römer, eigene Schiffe durch das Rote Meer nach Indien zu schicken. Als sie es gelernt hatten, die Monsune, die jahreszeitlich wechselnden Winde zwischen der afrikanischen und indischen Küste, zu nutzen, segelten die Schiffe statt wie bisher in zwei Jahren nun in weniger als einem Jahr nach Indien und zurück. Dadurch belebte sich der Seeverkehr mit dem Osten; der Gewürzhandel gelangte zu großer Blüte.

Das Rote Meer und die angrenzende Wüste Ägyptens, die ebenfalls zum Römischen Reich gehörte, war der Ausgangspunkt für eines der größten Handelswagnisse der Antike. Von einem kleinen Hafen in der Nähe der heutigen Stadt El Quseir — damals bekannt als Leukos Limen (Weißer Hafen) — segelten die Römer Tausende von Seemeilen und betrieben einen regen Gewürzhandel mit Arabien, Afrika und Indien. Archäologen haben in Südindien, in Arikamedu, einen ehemals römischen Hafen aus der Zeit des Kaisers Augustus (63 v. u. Z.–14 u. Z.) entdeckt. Neue Ausgrabungen in El Quseir bekräftigen die Rolle Indiens als römischen Handelspartner. Zu den wertvollen Funden gehören drei Scherben von Amphoren, die dem Transport von Wein dienten und mit einer indischen Aufschrift versehen sind. Auch Teakholz, Jutestoff und das Lieblingsgewürz der Römer, Pfefferkörner, konnten geborgen werden.

Anfang des 3. Jahrhunderts verlor der Hafen seine Rolle als römischer Vorposten im Gewürzhandel. Erst eintausend Jahre später wurde er als islamischer Hafen neu besiedelt.

Doch kehren wir zurück zu den Römern. Ihre Pfeffersucht war unermeßlich. Der römische Schriftsteller Plinius d. Ä. (23–79) beklagte sich darüber bitterlich: »Es ist sonderbar, daß er so beliebt geworden ist. Andere Dinge empfehlen sich durch Süßigkeit, wieder andere durch Schönheit; der Pfeffer aber findet Gefallen durch seinen scharfen Geschmack und dadurch, daß er aus Indien kommt. Dort wächst er wild, bei uns wird er für Gold und Silber gekauft.« Rom tauschte solche Mengen an Pfeffer gegen Gold ein,

daß sich die indischen Händler jenseits ihres Landes nach neuen Pfefferquellen umsehen mußten. Und im römischen Imperium trat bald ein Mangel an Edelmetall ein, weil in Indien nur Gold oder Silber als Bezahlung angenommen wurde. Von Plinius wissen wir auch, daß schon damals Pfeffer häufig mit Wacholderbeeren verfälscht wurde. In späteren Jahrhunderten machten sich einige Leute das Fälschen von Gewürzen sogar zum »Beruf«.

Als die Soldaten des westgotischen Königs Alarich im Jahre 410 vor den Toren Roms erschienen, verlangten sie als Tribut 5 000 Pfund Gold und 3 000 Pfund Pfeffer, der damals noch kostbarer als Gold war.

Die Germanen, die im 1. Jahrhundert u. Z. nördlich der Alpen bis zur Küste der Nordsee und Ostsee seßhaft geworden waren, begnügten sich zunächst mit den wenigen Gewürzen, die bei ihnen gediehen: Kümmel, Wacholder, Rosmarin, Thymian, Liebstökkel, Mohn und Zwiebel. Priester und sogenannte weise Frauen betrieben Kräuterkunde und kümmerten sich um die Arzneikunst. Mancher Kräuter-Aberglaube aus dieser Zeit hat sich bis heute erhalten.

Durch den Handel mit den benachbarten Römern, bei Raubzügen und als Söldner der römischen Armee lernten die Germanen viel Neues kennen, unter anderem den Anbau von Wein, Pfirsichen und anderen Pflanzen der südlichen Länder. Germanien selbst war von mehreren Handelswegen bis hin zum Norden durchkreuzt. Als die Germanen Ende des 2. Jahrhunderts die Römer zurückdrängten, gelangten sie erstmals nach Gallien und in andere römische Provinzen.

Geschwächt und zerrissen durch innere Klassenkämpfe, war das Römische Reich nicht in der Lage, den erfolgreichen Angriffen der Germanen aus dem Nordosten zu widerstehen. Das Weströmische Reich wurde zerschlagen, die landwirtschaftliche Produktion ging zurück, und die städtische Bevölkerung verarmte. Das Oströmische Reich hingegen entwickelte sich zu einem der wirtschaftlich leistungsfähigsten Staaten des Mittelalters. Es existierte für weitere eintausend Jahre unter dem Namen Byzanz.

Im 5. Jahrhundert dehnte sich das Byzantinische Reich aus und übernahm die Führung im Gewürzhandel mit Europa. In seiner Hauptstadt Konstantinopel sowie in Alexandria und Antiochia bildeten sich bedeutende Gewürzmärkte, die alle bisherigen römischen Gewürzzentren in den Schatten stellten.

Die Landwirtschaft und das Handwerk der Feudalstaaten West- und Mitteleuropas war dagegen wenig entwickelt. So hatte man dort gegen die teuren Gewürze aus dem weitaus höher entwickelten Byzanz im wesentlichen nur Sklaven, Waffen und Holz für den Schiffbau zu bieten. Die Menschen mußten in der Regel mit dem auskommen, was es in ihrer unmittelbaren Umgebung gab. Die Feudalbauern lebten im frühen Mittelalter vor allem von Erbsenbrei und Pökelfleisch. Ihre Leibeigenen erhielten gerade so viel, daß sie existieren konnten.

Selbst Klöster und Fürstenhöfe begnügten sich mit einem bescheidenen Küchenzettel. Nur Gemüse und würzige Kräuter brachten ein wenig Abwechslung in den Speiseplan. Erst Karl der Große, König von Franken (742—814), lernte auf seinen Feldzügen viele neue Gewürze und Gemüse kennen. Er ordnete daher in einer berühmt gewordenen und bis heute erhaltenen Schrift den Anbau von insgesamt 74 Gemüse- und Kräuterarten in den kaiserlichen Gärten an.

Darin werden unter anderem folgende Gewürze aufgeführt: Bockshornklee, Salbei, Dill, Rosmarin, Kümmel, Estragon, Anis, Bachminze, Petersilie, Liebstökkel, Knoblauch, Fenchel, Bohnenkraut, Koriander und Senf.

Karl der Große stand im Handelsaustausch mit den Arabern, die im 7. und 8. Jahrhundert die Gebiete südlich des Mittelmeeres und Spanien erobert hatten. Im Osten dehnte sich ihr Reich bis Indien und zum Ferganatal aus. Der Handel blühte, und die Kaufleute des Kalifats beherrschten die Märkte von Córdoba in Südspanien bis Buchara in Mittelasien sowie die Handelswege an der Mittelmeerküste Afrikas bis zum Indischen Ozean, ja bis nach China. Von Spanien aus nahmen sie auch erstmals Beziehungen mit europäischen Händlern auf und boten ihnen viele exotische Gewürze an, unter anderen Safran aus dem Iran. Osteuropa betrieb aktiven Handel sowohl mit Byzanz als auch mit Kiew. Handelsstraßen führten von Deutschland durch das Gebiet der Kiewer Rus bis nach Mittelasien und dem Iran. Mittelasiatische Händler zogen bis nach Schweden und Norwegen.

Die erste Erwähnung der Gewürznelke in deutschen Landen stammt übrigens von dem arabischen Arzt und Kaufmann Ibrahim Ibn Jaqub, der 973 die Stadt Mainz besuchte und sich darüber wunderte, daß es dort Nelken, Pfeffer und Ingwer gab. Er sah auf dem Markt auch Silbermünzen aus Buchara, die dort als Zahlungsmittel angenommen wurden.

Doch bald schon mußte der friedliche Handel neuen kriegerischen Auseinandersetzungen weichen. Die Spanier vertrieben die Araber aus Katalonien sowie Murcia und begannen, verschiedene Gewürze selbst anzubauen. Aus inneren sozialen Ursachen begann im 9. Jahrhundert bereits der Zerfall des arabischen Reiches. Im 11. Jahrhundert drangen dann die Türken in arabisches Land ein und besetzten Kleinasien. Sie nahmen Bagdad ein, das größte arabische Kultur- und Handelszentrum, vernichteten mehrere byzantinische Armeen und bedrohten Konstantinopel. Die Türken gefährdeten den byzantinischen Handel und versuchten den mit Vorderasien an sich zu reißen. Damit rüttelten sie an den Interessen der herrschenden Schichten italienischer Handelsstädte — wie Venedig, Genua und Florenz —, welche sich des Handels zwischen Asien und Europa bemächtigt hatten. Diese Städte verbündeten sich daher mit der katholischen Kirche und erregten die Länder West- und Mitteleuropas durch die Nachricht von der Invasion der »ungläubigen« Muselmanen, die das »Heilige Grab« in Jerusalem geschändet hätten. Unter dem Deckmantel der Religion organisierte das Papsttum den ersten Kreuzzug gegen die Völker Vorderasiens, angeblich, um Jerusalem zu »retten«. In Wahrheit sollten die von den Türken versperrten Handelsstraßen geöffnet werden. Palästina war damals der Schlüssel zum Tor Indiens, dem ersehnten Ziel europäischer Händler.

Auf ihrem Zug versäumten die Kreuzritter nicht, reiche Beute zu machen. Sie nahmen viele wertvolle und leicht zu transportierende geraubte Waren mit nach Hause, wie Seide, Edelsteine und Gewürze, die in Europa sehr teuer waren.

Abgesehen von begehrten Gewürzen wie Pfeffer und Zimt, brachten sie auch andere Spezereien ins Land, von deren Existenz die Europäer noch nie gehört hatten. Dazu zählten Muskatnuß und Muskatblüte. Unter der Beute befanden sich auch Datteln, Feigen, Rosinen, Mandeln und Zitrusfrüchte.

In den Küstenstädten der Kreuzfahrerstaaten gründeten die italienischen Kaufleute Handelsniederlassungen; von ihnen aus betrieben sie einen ertragreichen Handel mit Erzeugnissen der Länder des Ostens.

Nach Beendigung der Kreuzzüge, die vom 11. bis zum 13. Jahrhundert anhielten, wollten die reichen Feudalherren und wohlhabenden Bürger auf all die guten Dinge der islamischen Länder nicht mehr verzichten. Der Gewürzhandel erfuhr einen bedeutenden Aufschwung. Von den selbständigen Stadtstaaten Venedig, Genua und Pisa, welche die Kreuzzüge unterstützten, war es Venedig, der alten Handelsstadt an der Adria, gelungen, den gewinnbringenden Gewürzhandel an sich zu reißen. Im 14. Jahrhundert hielt es den gesamten Gewürzhandel mit Europa in Händen. »Durch Schwarz und Weiß ist Venedig reich geworden«, sagte man. Gemeint waren schwarzer Pfeffer und weiße Baumwolle. Auch einige deutsche Handelsstädte, die sich zu Städtebünden zusammengeschlossen hatten, profitierten davon. Trotz größter Transportschwierigkeiten stieg der Gewürzhandel mit Europa im 14. und 15. Jahrhundert weiter an. Nach vorsichtiger Schätzung von Experten war er etwa 100mal umfangreicher als heute.

Von Venedig gelangten Gewürze über den Brenner nach Innsbruck, von dort nach Basel, rheinabwärts zur Nordsee und dann nach England. Eine zweite Gewürzstraße führte von Innsbruck über Augsburg, Nürnberg und Leipzig zu den Handelszentren an der Ostsee und von dort bis in die alte russische Handelszentrale Nowgorod. Bevor der europäische Verbraucher in den Besitz des Gewürzes gelangte, ging es durch die Hände von mindestens zwölf Händlern, die allesamt daran verdienten. Martin Behaim schrieb im Jahre 1492 auf seinen Erdglobus, jenen berühmten »Erdapfel«: »Item ess ist zu wissen, dass die Spezerey, die in den Insuln in Indien in Orienten in manicherley Hendt verkaufft wirdt, ehe sie herauss kumpt In unsere Landt.«

Als die Türken 1453 Konstantinopel eingenommen

hatten, entstand dort ein neues Gewürzzentrum. Die alten Handelsstädte Aleppo und Alexandria blieben auch unter den Osmanen wichtige Zentren des Gewürzhandels. Venedigs Vorrangstellung als Handelspartner mit dem Orient war ernsthaft bedroht. Die Gewürze verschwanden jedoch erst dann aus dem Levantehandel, als die Engländer und Holländer nach 1600 zu den »Gewürzinseln« vorstießen und den Seehandel »umkehrten«, indem sie die Gewürze nach England und Holland brachten und von dort verkauften. (Als Levantehandel bezeichnet man den während der Kreuzzüge entstandenen Fernhandel europäischer Kaufleute mit den Ländern des östlichen Mittelmeers.) Trotz der Kämpfe um die Vormachtstellung im Gewürzhandel, trotz Transportschwierigkeiten und hoher Preise stieg der Gewürzverbrauch in Europa von Jahr zu Jahr.

Die ersten handschriftlichen Rezeptesammlungen, die vor allem in Klöstern und Adelshöfen entstanden, wo ein systematischer Anbau von Heil- und Gewürzpflanzen erfolgte, vermitteln einen Einblick über die Verwendung der Gewürze im späten Mittelalter. Es gab kaum eine Speise, die nicht mit Gewürzen schmackhafter gemacht wurde. Wie schon bei den reichen Römern hatte man die Spezereien zum Statussymbol der herrschenden Klasse erhoben, galten sie als Zeichen feinster Lebensart. Um Reichtum zu demonstrieren, hat man die Gerichte überwürzt.

Die Kost des einfachen Volkes blieb eintönig. Kartoffeln waren noch unbekannt, der Zucker rar und meist lediglich den Vermögenden zugänglich. Selbst Salz gab es nur knapp, und Brot hieß Luxus. Brei war die Hauptnahrung; Fleisch kam äußerst selten auf den Tisch, und dann auch nur in der kalten Jahreszeit, wenn es sich besser aufbewahren ließ.

An Gewürzen verwendete die herrschaftliche spätmittelalterliche Küche unter anderem Kerbel, Knoblauch, Kümmel, Petersilie, Minze, Anis, Salbei, Zwiebel und Senf, daneben Pfeffer, Ingwer, Zimt, Nelken, Muskatnuß, Muskatblüte und Safran. Ausländische Spezereien wurden auch als Konservierungsmittel verwendet.

Wie aus Koch- und Arzneibüchern des ausgehenden Mittelalters hervorgeht, war man von der gesundheitsfördernden Wirkung der Gewürze bereits überzeugt, glaubte jedoch, mit ihnen auch Wunder vollbringen und Volksseuchen wie die Pest eindämmen zu können. Die moslemischen und venezianischen Schiffe hatten nämlich nicht nur Gewürze, sondern auch die Pest in viele europäische Städte gebracht. Ratten übertrugen die Erreger dieser in Indien ausgebrochenen Krankheit, an der nun ebenso in Europa viele Millionen Menschen starben. Die Mediziner standen dieser Seuche ratlos gegenüber. Mit Gewürzen hofften die Menschen sich vor Ansteckung schützen und die Krankheit bändigen zu können. Krankenzimmer wurden mit Wacholder geräuchert oder mit Salbei und Wermut gesäubert. Ärzte verordneten unter anderem Safran, Wacholderwein und Knoblauchsuppe als Heilmittel.

Die exotischen Gewürze waren für das einfache Volk unerschwinglich. Um 500 Gramm Muskatnüsse zu bekommen, mußte man eine Kuh oder drei bis vier Schafe hergeben. Wer konnte das schon?

Pfeffer war so kostbar, daß ihn die Gewürzhändler körnchenweise berechneten und eine Zeitlang sogar mit Gold aufwogen. Söldner erhielten einen Teil ihres Lohnes in Pfefferkörnern. Päpste, Kaiser, Zaren und Könige aber machten sich Gewürze gegenseitig zum Geschenk. Der Minnesänger Wolfram von Eschenbach hat über die Sitte der Reichen, duftende Gewürze sogar auf den Fußboden zu streuen, berichtet:

»Wenn man auf einen Teppich trat, Kardamom, Würznelke und Muskat lagen gestreut unter den Füßen.« Auch als durststeigernde Kaumittel spielten Gewürze eine Rolle. Um das Auge zu erfreuen, wurden Speisen oft mit Safran und Petersilie sowie mit Blüten gefärbt.

Für die europäischen Kaufleute und Gewürzhändler war es nicht einfach, den ständig wachsenden Bedarf an Gewürzen zu decken. Ein gut funktionierender Handel mit den östlichen Ländern war Voraussetzung. Im 12. und 13. Jahrhundert wurden in langen blutigen Kriegen die von den Kreuzfahrern gegründeten Staaten zerschlagen. Palästina und Syrien fielen unter die Herrschaft der in Ägypten regierenden Mameluken. Diese ließen die meisten Häfen des östlichen Mittelmeeres zerstören, um die Wiederkehr der Kreuzfahrer zu verhindern. Der Handel suchte nach neuen Wegen zu den Ländern des Ostens. Die Karawanen passierten nun vor allem die Steppen Mittelasiens, Kleinasiens und Nordirans. Diese Regionen fielen im frühen 13. Jahrhundert unter die Herrschaft der Mongolen, des Dschingis-Chan. Seine Heere zogen vom Indischen Ozean bis zur Oder. In dem kurzlebigen Mongolenreich gab es nie zuvor gekannte Möglichkeiten des Fernhandels. Unter dem Schutz mongolischer Truppen gelangten europäische Händler, vor allem Venezianer und Genuesen, bis nach Indien, dem Iran und China. Großes Aufsehen erregte der Reisebericht eines dieser Kaufherren, der des Venezianers Marco Polo (1254–1324). Er war im Jahre 1271 auf dem Landwege über Vorder- und Innerasien nach China gereist. Dort hatte er während eines 17jährigen Aufenthaltes (1275–1292) fast alle Provinzen und großen Städte kennengelernt. Auf der Rückreise fuhr er mit dem Schiff zunächst bis Persien und gelangte dann auf dem Landweg wieder in die Heimat. Sein Bericht war eine der wertvollsten Quellen über Ostasien. Das Buch — es erschien 1289 und wurde in zahlreiche Sprachen übersetzt — ist voller Hinweise auf den damaligen Stand des Gewürzanbaues und -handels. Am sorgfältigsten studierten Seefahrer die Aufzeichnungen Marco Polos.

Um die Mitte des 15. Jahrhunderts begannen die Portugiesen mit einer planmäßigen Entdeckungs- und Handelspolitik. Auch sie stützten sich dabei auf den Bericht Marco Polos und auf antike Niederschriften über Indien und andere Länder Asiens. Vom König ausgerüstete Flotten drangen an der Küste Afrikas immer weiter südwärts vor mit dem Ziel, einen Seeweg nach Indien zu finden.

Im Jahre 1488 gelang es dem Portugiesen Bartolomëu Diaz, die Südspitze Afrikas, das Kap der Guten Hoffnung, zu umsegeln. Doch bis nach Indien kam er nicht; seine Mannschaft meuterte.

Auch die Spanier wollten das ferne Indien mit Schiffen erreichen, um in den Besitz von Edelsteinen, Seide und Gewürzen zu gelangen. Christoph Kolumbus, der die eifrigen Versuche der Portugiesen aufmerksam verfolgte, entschloß sich, das Problem anders anzugehen: Wenn die Erde eine Kugel ist, so überlegte er, muß man auch nach Indien gelangen, wenn man westwärts segelt. Dazu war er der — irrigen — Auffassung, auf diese Weise einen kürzeren und weniger gefahrvollen Weg dorthin zu erschließen als den um die Südspitze Afrikas.

So fuhr Kolumbus 1492 im Auftrag der spanischen Majestäten mit drei Schiffen westwärts, erreichte Land und kehrte mit reicher Ladung nach Hause zurück. Sie bestand unter anderem aus Vanille, Piment und Paprika.

Bis zu seinem Tode glaubte Kolumbus, Indien gefunden zu haben. Erst später wurde man gewahr, daß er einen neuen Erdteil, Amerika, entdeckt hatte, der sich zwischen Europa und Asien erstreckt.

Als erster Portugiese segelte 1497/98 Vasco da Gama um das Kap der Guten Hoffnung nach Indien.

Nach Kolumbus' Rückkehr ließen sich die katholischen Majestäten Ferdinand und Isabella von Kastilien vom Papst ihre »Rechte« im Westen des Atlantischen Ozeans und alle weiteren Besitzergreifungen schriftlich bestätigen. Um die Ansprüche Portugals und Spaniens gegeneinander abzugrenzen, erließ Papst Alexander VI. eine Bulle. Durch diese Urkunde wurde die Welt wie ein Apfel gespalten, die eine Hälfte erhielt Kastilien, die andere Portugal. Doch die Portugiesen waren mit dem »großzügigen Geschenk« des Papstes noch nicht zufrieden. Bevor es zwischen ihnen und Spanien jedoch zum Krieg kam, einigten sich die beiden Länder am Verhandlungstisch und teilten die Erde unter sich neu auf. Alles entdeckte Land westlich des 46. Breitengrades sollte Spanien, das gesamte östliche Portugal gehören.

Vasco da Gama hatte während seiner ersten Umsegelung Afrikas Madagaskar und die Südwestküste Indiens entdeckt. Hier, an der Malabarküste, hatte die einheimische Bevölkerung vermutlich schon vor Jahrtausenden Gewürze wie Pfeffer, Kardamom, Ingwer und Kurkuma mit Kokosmilch zu einem gelben Brei zusammengerührt und ihren Reis damit schmackhafter gemacht. Diese Mischung wurde später die Grundlage für das heutige Currypulver.

Auf seiner zweiten Fahrt 1502/03 fand Vasco da Gama die Insel Ceylon (heute Sri Lanka). Von dort kehrte sein Schiff schwer beladen mit Gewürzen zurück nach Portugal. Nachdem der Seeweg nach Indien gefunden war, nahm der Gewürzhandel zwischen Europa und Asien einen Aufschwung. Das brachte die Araber um ihre Vorherrschaft im Orienthandel. Bis zur Eröffnung des Suezkanals im Jahre 1869 hatte das Mittelmeer seine Bedeutung verloren. Die Portugiesen dehnten dagegen ihre Einflußsphäre immer weiter aus; sie reichte von Madagaskar über Ceylon bis nach Sumatra und Java, vor allem bis zu den uralten Gewürzzentren auf der Halbinsel Malakka und später auch bis zu den Molukken. Damit hatten sie den Gewürzhandel an sich gerissen.

Doch schon drohten die Spanier ernsthafte Konkurrenten zu werden. Sie hatten systematisch an der Erkundung einer Durchfahrt zu den Gewürzinseln von Westen her gearbeitet. Mit Unterstützung der spanischen Krone stach Magalhães, ein portugiesischer Emigrant, 1519 mit fünf Schiffen und 237 Mann in See. Er segelte westwärts über den Atlantischen Ozean, umschiffte Südamerika und gelangte in den Stillen Ozean, wo er die Marianen entdeckte. Skorbut, die gefährliche Seemannskrankheit der Vergangenheit, Hunger und Durst raffte einen Teil seiner Mannschaft dahin. Auf der Weiterfahrt entdeckte er die Philippinen, wo er 1521 im Kampf mit den Eingeborenen ums Leben kam. Nur eines seiner fünf Schiffe erreichte die Insel Tidore auf den Molukken, wo es den Spaniern gelang, eine große Ladung Gewürznelken einzuhandeln. Nach drei Jahren kehrte es unter Führung de Elcanos mit nur 18 Überlebenden von der ersten Weltumsegelung in den Heimathafen zurück. Die Spanier begannen den Portugiesen den Seehandel streitig zu machen. Auch der Gewürzhandel Venedigs erhielt in dieser Zeit einen vernichtenden Schlag, da den Spaniern bald auch die Holländer und Engländer in die Gewürzländer folgten. Der arabische Gewürzhandel mit Vorderasien kam zum Erliegen; in den Hafenstädten Syriens und Palästinas wurden keine Spezereien mehr angeboten. Alexandria und Kairo, bis dahin blühende Gewürzzentren, verloren fast schlagartig ihre Bedeutung.

In Deutschland stiegen die Handelshäuser der Fugger und Welser mit in das Pfeffergeschäft ein. Die Welser zum Beispiel hatten Anteil am Gewürzhandel zwischen Lissabon, Antwerpen und Deutschland. Der erste deutsche Gewürzhändler, Nicolaus van Rechterghem aus Aachen, der eine Niederlassung in Antwerpen besaß, belieferte seine Kunden mit ostindischen Gewürzen, die er aus Portugal bezog. Anfangs glaubten sie, die Ware sei gefälscht. Denn: Gewürze aus Antwerpen? Davon hatten sie noch nie gehört; die Nachricht über die Entdeckung des Seeweges nach Indien war noch nicht zu ihnen gedrungen.

Der Machtkampf zwischen den Portugiesen und den Spaniern wurde durch einen Kompromiß zwischen den beiden Staaten beendet: Karl V. von Spanien heiratete Isabella von Portugal und trat seine »Rechte« auf die Gewürzinseln an seinen Schwager Johann III. von Portugal ab.

Ungeachtet des Gewürzmonopols der Portugiesen in der Welt unternahmen die Engländer noch vor Vasco da Gamas Umsegelung des afrikanischen Kontinents die ersten vorsichtigen Versuche, in das gewinnversprechende Gewürzgeschäft einzusteigen. Francis Drake segelte zu den Molukken, verbündete sich mit dem Sultan von Ternate und brachte große Mengen an Spezereien nach England. Thomas Cavendish und James Lancaster folgten einige Jahre später. Wann immer sie unterwegs auf spanische Schiffe trafen, griffen sie diese an und brachten oft deren ganze Gewürzladung auf ihre eigenen Schiffe. Durch solche Raubzüge »sparten« sie sich oft den Weg zu den Gewürzinseln.

Bis Ende des 16. Jahrhunderts konnten die Portugiesen ihr Gewürzmonopol halten. Sie handelten nicht nur, sondern übten im Gegensatz zu den Arabern in den Gewürzländern eine überaus scharfe Kontrolle aus. Rücksichtslos vernichteten sie bei ihren Eroberungszügen auf den Molukken ganze Wälder mit Muskat- und Nelkenbäumen und pflanzten diese beiden Gewürze nur in einer von ihnen streng überwachten Gegend an. Die Ausfuhr von Samen und Stecklingen untersagten sie.

1595 unternahmen die Holländer, die mit den Spaniern und Portugiesen im Krieg lebten, ihre erste Expedition nach Ostindien. Sie stellten mit den dortigen Sultanen gute Handelsbeziehungen her und übernahmen die Führung im Gewürzhandel. Antwerpen und später Amsterdam entwickelten sich zu wichtigen europäischen Gewürzhandelsstädten.

1605 verjagten die Holländer die Portugiesen von den Molukken. 1656 gelang es ihnen, die Portugiesen auch aus Ceylon zu verdrängen. Die holländischen Gewürzherren erwiesen sich als besonders unbarmherzig und grausam. Sie grenzten die Anbaugebiete für Nelken, Muskat und Zimt ab. Alle Gewürzbäume und -sträucher, die außerhalb dieser Grenzen wuchsen, wurden vernichtet. Die Einheimischen durften nicht einmal in ihrem eigenen Garten einen Zimtbaum haben. Wer dennoch heimlich Gewürze anbaute, verfiel unweigerlich der Todesstrafe. Straf- und Kontrollinspektionen der Holländer prüften ständig, ob ihre Anordnungen eingehalten wurden. Fanden die Inspekteure in den Dörfern junge Keimlinge von Muskat- oder Nelkenbäumen, rissen sie diese rücksichtslos heraus, peitschten die Einwohner aus oder erschlugen sie. Erst im 19. Jahrhundert konnten Botaniker nachweisen, daß die auf den Molukken lebenden Vögel für den unerwünschten Nachwuchs gesorgt hatten. Die von den Tieren aufgepickten Samen passieren die Magen unverdaut und beginnen dort, wo der Vogelkot liegenbleibt, zu keimen.

Beunruhigt über die Erfolge der Holländer, errichteten die Londoner Kaufleute um 1600 die Britische Ostindische Kompanie, um ihren gewinnbringenden Handel zu sichern. Als »Schutzmaßnahme« sahen sich die Holländer zwei Jahre später zur Gründung der Holländischen Ostindischen Kompanie veranlaßt. Die beiden Gesellschaften lieferten sich einen unerbittlichen Konkurrenzkampf. Sie vernichteten gegenseitig ihre Handelsstationen, fingen fremde Handelsschiffe ab und hetzten die einheimischen Fürsten gegen die Händler des anderen Landes auf.

In Amsterdam, wo sich Gewürze wie Zimt, Nelken, Muskatnüsse, Muskatblüte und Pfeffer in Lagerhäusern stapelten, scheuten die Holländer nicht davor zurück, von Zeit zu Zeit ihre kostbaren Spezereien zu vernichten, um die Preise auf dem Weltmarkt künstlich hochzuhalten. Augenzeugen berichteten, wie im Jahre 1760 in Amsterdam etwa 4 000 Tonnen Gewürze verbrannt wurden. Eine gelbe Wolke soll die Stadt lange Zeit eingehüllt haben. 1770 zündeten die reichen Gewürzhändler, die »Pfeffersäcke«, sogar ihre Muskatspeicher an, um die Preise zu halten. In London aber nähte man den Hafenarbeitern die Taschen zu, damit sie nicht etwa ein paar Pfefferkörner, Nelken oder Muskatnüsse darin versteckten und mit nach Hause nahmen.

Die Britische Ostindische Kompanie bildete die Grundlage für die englische Kolonialherrschaft in Indien, und die Holländische Ostindische Kompanie bereitete den Weg vor für die Kolonialherrschaft der Holländer in Indonesien.

Die Anstrengungen der Kolonialherren, die Verbreitung der Gewürzpflanzen zu verhindern, scheiterten schließlich. Im Laufe des 18. Jahrhunderts wurden Gewürzpflanzen in allen tropischen Ländern angebaut. Zuerst hatten die Versuche, sie in anderen tropischen Gebieten zu kultivieren, allerdings nicht viel Erfolg — mit Ausnahme des Ingwers, den die Spanier in Mexiko, Santo Domingo und Jamaika ansiedelten. Die mexikanische Vanille trug in Madagaskar Früchte, aber erst nachdem man sie künstlich zu bestäuben begann; der Pfeffer gedieh, als man ihm geeignete Stützen verliehen hatte, an denen er sich hochranken konnte. Und die Franzosen hatten Schwierigkeiten, Nelken und Muskatnüsse auf den Maskarenen, einer Inselgruppe östlich von Madagaskar, heimisch zu machen. Dagegen gelang es ihnen, die Nelke auf Sansibar und Pemba vor der afrikanischen Ostküste anzubauen. Paprika wächst inzwischen in vielen Ländern der Welt; und Muskatnüsse kommen nicht mehr nur von den Molukken, sondern auch aus Westafrika. Ingwer gedeiht immer noch in großen Mengen in China und Indien, inzwischen aber auch auf Jamaika und in Westafrika. Nur zwei Gewürze haben ihre Ursprungsgebiete behalten: Piment wird nach wie vor nur in Kuba, Trinidad, Jamaika und in einigen mittelamerikanischen Staaten angebaut, und der beste Zimt kommt weiterhin aus Sri Lanka, dem ehemaligen Ceylon.

Heute sind die Gewürze aus den Tropen, Subtropen und aus den gemäßigten Zonen in nahezu allen Küchen der Welt zu finden. Mit dem Ausbau des Handels und des Transportwesens sind ihre Preise für uns erschwinglich geworden. Für Millionen Menschen stellen die in ihren eigenen Ländern wachsenden Gewürze jedoch noch heute einen unerreichbaren Luxus dar. Die Armut dieser Bevölkerungsschichten ist gezeichnet von der jahrhundertelangen Ausplünderung durch ehemalige europäische Kolonialmächte.

Bei uns hat sich in den letzten Jahren eine neue Vorliebe für Gewürze entwickelt. Es bereitet uns Vergnügen, die Speisen zu verfeinern und ihnen einen verführerischen Duft und Geschmack zu verleihen. Daraus erwächst auch der Wunsch, die einzelnen Kräuter und Gewürze sorgsam aufzubewahren, neue Gewürzmischungen zu erproben, Würzsoßen, Würzöle und Kräuteressige zu verwenden, mit allem, was sonst noch zum Würzen gehört, zu experimentieren und vor allem die einzelnen Gewürze näher kennenzulernen.

Sachgemäße Aufbewahrung der Gewürze

Getrocknete Kräuter und Gewürze müssen sorgsam aufbewahrt werden, damit ihre wertvollen Duft- und Aromastoffe möglichst lange erhalten bleiben. Unsere Großmütter haben ihre Gewürze oft in kleinen Papiertüten aufgehoben. Da lag vielleicht die Vanille neben der frisch getrockneten Minze und der Zimt neben dem Majoran. Kein Wunder, wenn nach kurzer Zeit der Inhalt aller Tüten gleich duftete und sein eigenes, spezielles Aroma verloren hatte.

Luft und Licht sind die Hauptfeinde der Gewürze. Aber auch allzu große Wärme, Küchendunst und Feuchtigkeit rauben ihnen Würzkraft und Aroma. Fetthaltige Gewürze, wie Muskatnuß und Senfkörner, werden in lichtdurchlässigen Gefäßen schnell ranzig. Sorgfältig getrocknete Kräuter verlieren durch das Einwirken von Tageslicht ihre satte grüne Farbe. Auch Currypulver und Gewürzpaprika bleichen aus, wenn man sie nicht luftdicht aufbewahrt. In feuchten Räumen werden Gewürze schnell klumpig und können sogar schimmeln.

Die Behälter für unsere Spezereien müssen sauber, gut ausgetrocknet und fest verschließbar sein. Besonders geeignet sind dunkle, braun oder grün getönte Gläser mit Schraubdeckel oder eingeschliffenem Stöpsel. Empfehlenswert sind auch Gewürzdosen aus Keramik oder Holz, vorausgesetzt, sie schließen gut. Wichtig ist, daß stets das gleiche Gewürz in ein und dasselbe Gefäß kommt, weil zum Beispiel Holz sehr schnell Gerüche annimmt. Ungeeignet sind luftdurchlässige Kunststoffbehältnisse. Blechdosen oder andere Gefäße aus Metall sind für die Aufbewahrung von Gewürzen ebenfalls nicht zu empfehlen. Bei ihnen können das Aroma zerstörende chemische Reaktionen eintreten.

Gewürzbehälter müssen deutlich beschriftet werden. Geeignete Schilder können wir leicht selbst herstellen, oder wir verwenden Etiketts beziehungsweise Klebeband. Auch sollte das Datum der Anschaffung oder der Trocknung vermerkt sein.

Wie lange sind Gewürze haltbar?

Außer Pfefferkörnern, die sich über mehrere Jahre halten, sind die meisten Gewürze nur etwa ein Jahr lagerfähig. Deshalb kaufen wir höchstens so viel Gewürze, wie wir in einem Jahr ungefähr verbrauchen.

Ein Gewürzschränkchen oder -bord sollte in keiner Küche fehlen. Wir hängen es an einen übersichtlichen, nicht zu warmen, trocknen Platz, also nicht über den Küchenherd.

Um jederzeit kleine Mengen getrockneter oder frischer Gewürze zerreiben oder zerstoßen zu können, verwenden wir einen Mörser oder eine ausrangierte Schlagmühle. Mit ihr läßt sich gleichfalls schnell dieses oder jenes Gewürz zerkleinern.

Gewürzmischungen

In großen Gewürzmühlen werden nach bewährten Rezepturen zahlreiche pikante Gewürzmischungen hergestellt. Sie erleichtern Koch und Köchin die Arbeit. Gewürzmischungen bestehen aus einer bestimmten Anzahl von Gewürzen, die nach einem feststehenden Mengenverhältnis angefertigt werden. Sie kommen gerebelt, pulverförmig oder als Pasten in den Handel und haben einen arteigenen Geruch und Geschmack. Nachstehend sei eine Anzahl im Handel erhältlicher Gewürzmischungen genannt, von denen einige in unserem Gewürzregal einen festen Platz haben sollten:

Bratensoßengewürz, Brühsuppengewürz, Fischgewürz, Fischmariniergewürz, Geflügelgewürz, Gemüseeintopfgewürz, Gewürzsalz, Gulaschsuppengewürz, Hackepetergewürzsalz, Hackfleischgewürz, Hammelbratengewürz, Knoblauchsalz, Kräuterquarkgewürz, Kräutersalz, Ochsenschwanzsuppengewürz, Pizzagewürz, Selleriesalz, Soljankagewürz, Steakgewürz, Universalgewürz Delikat, Zwiebelsalz.

Jedes Land hat seine eigenen Gewürzmischungen. Manche davon haben sich auch bei uns eingebürgert, wie Curry- und Chilipulver.

Einige Gewürzmischungen können wir uns selber herstellen. Das macht Spaß und versetzt uns überdies in die Lage, »taufrische« Mischpulver zu haben und dabei auch unserer Phantasie und speziellen Gewürzvorliebe ein wenig freien Lauf zu lassen:

Französische Gewürzmischung
10 g Lorbeerblätter, 10 g getrockneter Thymian, 10 g getrockneter Rosmarin, 10 g getrocknetes Basilikum, 10 g Macisblüte, 20 g Muskatnuß, 15 g Zimt, 20 g Gewürznelken, 10 g Edelsüßpaprika, 10 g weißer Pfeffer

Besonders geeignet für Fleischgerichte, Suppen, Soßen, Füllmassen.

Vietnamesische Gewürzmischung

1 Teel. Knoblauchpulver, 1 Teel. zerstoßener Fenchel, 1 Teel. Anispulver, 1 Teel. zerstoßener Sternanis, 1 Teel. Kurkumapulver, 1 Teel. Muskatblüte, 1 Teel. gemahlener schwarzer Pfeffer, 2 Teel. Edelsüßpaprika, ½ Teel. getrocknete Petersilie, ½ Teel. zerstoßener Kardamom

Besonders geeignet für Reisgerichte, Geflügelleber, Fleischgerichte.

Französische Kräutermischung — Herbes de Provence

1 Teel. getrocknetes Basilikum, 1 Teel. getrocknetes Bohnenkraut, 1 Teel. getrockneter Oregano (oder Majoran), 1 Teel. getrockneter Ysop, ½ Teel. getrockneter Lavendel, 1 Teel. getrockneter Thymian

Besonders geeignet für Spaghettisoßen, Reisgerichte, salzige Aufläufe, Suppen und Fleischgerichte.

Französisches Kräustersträußchen — Bouquet garni

3 Stiele Petersilie, 1 Stiel Thymian, 1 Lorbeerblatt, 1 zerdrückte Knoblauchzehe (eventuell noch etwas hauchdünn geschnittene Apfelsinenschale)

Besonders geeignet zum Anbraten von Gulasch, Rouladen sowie für Spaghettisoßen.

Indisches Gewürzpulver — Garam Massala

4 Eßl. gerösteter und gemahlener Koriander, 2 Eßl. gerösteter und gemahlener Kümmel, 1 Eßl. Zimtpulver, 2½ Eßl. gemahlene schwarze Pfefferkörner, 1 Messerspitze geriebene Muskatnuß, 1 Eßl. Nelkenpulver, 2 Eßl. gemahlener Kardamom

Besonders geeignet für Fleischcurry, Gulasch, Rouladen und für dicke Suppen.

Indisches Currypulver
2 Eßl. gemahlener Koriander, 1 Eßl. Ingwerpulver,
1 Eßl. gemahlener Kümmel, 1 Eßl. gemahlener schwarzer Pfeffer, 1 Eßl. Kurkumapulver, 1 Eßl. gemahlenes
Lorbeerblatt, ½ Eßl. gemahlene Nelken, ½ Eßl. gemahlene Pimentkörner, 1 Messerspitze Chilipulver
oder scharfer Gewürzpaprika
Besonders geeignet für Currygerichte.

Chinesische Fünf-Gewürzmischung
1 Teel. gemahlener Sternanis, 1 Teel. Nelkenpulver,
1 Teel. Zimtpulver, 1 Teel. gemahlener schwarzer
Pfeffer, 1 Teel. gemahlene Pimentkörner
Besonders geeignet für Reis und fernöstliche Fleischgerichte, Knoblauchrippchen, Geflügelfleisch und
Geflügelleber.

Grusinische Gewürzmischung – Chmeli-suneli
1 Teel. gemahlener Bockshornklee, 1 Teel. gemahlener Koriander, 1 Teel. frischer gehackter Dill, 1 Teel.
frische gehackte Sellerieblätter, 1 Teel. frisches gehacktes Basilikum, 1 Teel. frisches gehacktes Bohnenkraut, 1 Teel. frische gehackte Minze, 1 Teel. gemahlenes Lorbeerblatt, 1 Teel. frischer gehackter Majoran, 2 Teel. Edelsüßpaprika, 1 Messerspitze Kurkumapulver oder Safran
Besonders geeignet für Reisgerichte, Schmorgerichte
und Suppen.

Rumänische Gewürzmischung
6 schwarze Pfefferkörner, 2 zerdrückte Knoblauchzehen, 2 Teel. gehackter Dill, ½ Teel. geriebener Meerrettich, ½ Teel. gehacktes Sellerieblatt
Besonders geeignet für Fleischmarinaden.

Usbekische Gewürzmischung

½ Teel. schwarzer Pfeffer, 1 Teel. Edelsüßpaprika, 1 Teel. Kurkumapulver, 1 Teel. getrocknetes Basilikum, 1 Teel. gemahlener Koriander, 2 zerdrückte Knoblauchzehen, 1 Teel. gemahlener Ajowan (statt Ajowan, einem kümmelähnlichen Gewürz, kann auch frische gehackte Krause Minze zugegeben werden)
Besonders geeignet für Fleisch, Gemüsesuppen und Gemüsegerichte.

Mexikanische Gewürzmischung

½ Teel. Chilipulver, 1 Eßl. gerebelter Oregano oder Majoran, 2 Eßl. Edelsüßpaprika, ½ Teel. Nelkenpulver, ½ Teel. Knoblauchpulver
Besonders geeignet für Tomaten-, Auberginen-, Linsen-, Bohnen-, Fisch- und Fleischgerichte.

Würzsoßen, Würzöle und Kräuteressige

Würzsoßen

Soßen sind die Seele der guten Küche. Wer die Kunst des Soßenmachens nicht beherrscht, ist kein guter Koch. Die klassische Küche unterscheidet zwischen großen Gruppen: den weißen und den braunen Soßen, Tomatensoßen, Eigelb- und Buttersoßen, Öl- und Essigsoßen und aromatisierten Buttersoßen.
Würzsoßen werden zunehmend beliebter, wie Tabascosoße, Salatsoße, -creme oder Tomatenketchup. Viele heutige Fertigsoßen sind Meisterstücke der Soßenkunst, sie bereichern und erweitern unsere Würzmöglichkeiten. Einige Standardsoßen sollten daher in unserem Gewürzschrank nicht fehlen. Bestimmte Tafelsoßen mit frischen Kräutern können wir hin und wieder auch selber zubereiten.
Den gekochten Würzsoßen, die man in der Regel aus Brühe, Butter, Mehl, Salz und Pfeffer herstellt und ge-

legentlich mit Sahne anreichert, werden meistens kurz vor dem Servieren die verschiedensten frischen gehackten Kräuter beigegeben. Zu ihnen gehören Sauce Béarnaise und Sauce Hollandaise.

Die Skale der kalt zubereiteten Würzsoßen ist bedeutend breiter. Dazu zählen alle aus Öl und Eigelb gerührten Soßen — Mayonnaise und Remouladensoße — sowie die große Familie der Öl-Essig-Soßen — Sauce Vinaigrette mit den verschiedensten Kräutern, die englische Mint-sauce, welche zum Hammelbraten gegessen wird, und die Meerrettichsoße für das kalte Roastbeaf.

Wer über ein elektrisches Mixgerät verfügt, kann aus Joghurt, Quark, Buttermilch und gehackten Kräutern im Handumdrehen interessante Soßen zubereiten. Kaffeesahne mit einigen Teelöffeln Zitronensaft angedickt, ergibt eine sämige saure Sahnensoße, die, mit frischen Kräutern versehen, besonders gut zu Quarkkeulchen schmeckt.

Eier-und-Kräuter-Soße

2 hartgekochte Eier, 2 Eßl. Sahne, 2 Eßl. Salatöl, 2 Eßl. Weinessig, Salz, frisch gemahlener Pfeffer, 1 Eßl. gehackter Schnittlauch, 1 Eßl. gehackter Dill oder Estragon, 1 Eßl. gehackte Petersilie

Das Eigelb mit der Gabel zerdrücken und mit Öl tropfenweise verrühren. Weinessig zufügen. Mit Salz und Pfeffer abschmecken und die gehackten Kräuter dazugeben.

Als Salatsoße für grünen Salat verwenden, der mit dem grob gehackten Eiweiß bestreut wird.

Sauce Vinaigrette mit gemischten Kräutern

1 Prise Salz, 1 Messerspitze frisch gemahlener schwarzer Pfeffer, ½ Teel. Senf, ½ Teel. Zucker, 1½ Eßl. Weinessig, 6 Eßl. Salatöl, ½ Eßl. Zitronensaft, ½ Teel. ge-

hackter Estragon, ½ Teel. gehackter Borretsch, 1 Teel. gehackter Schnittlauch, 2 Teel. gehackter Dill, 1 zerdrückte Knoblauchzehe

Das Salz in eine große Salatschüssel geben und etwas frisch gemahlenen Pfeffer dazugeben. Senf und Zucker mit einem Holzlöffel unterrühren. Weinessig zugießen und gut verrühren. Öl nach und nach zufügen, zuletzt den Zitronensaft, den Knoblauch und die gehackten Kräuter. (Wir können auch andere Kräuter verwenden.) Die Salatsoße eine Stunde zugedeckt stehenlassen.

Für grünen Blattsalat und Gemüsesalat verwenden.

Würzöle

Im Sommer, wenn es viele frische Kräuter gibt, ist es ratsam, eine oder zwei Flaschen Würzöl anzusetzen, das wir besonders für die Zubereitung von Salatsoßen, Mayonnaisen und Marinaden verwenden können. Es eignet sich auch zum Braten von Fleisch oder zum Würzen von Spaghetti. Beim Braten muß das Öl langsam erhitzt werden, damit das in den Kräutern enthaltene Wasser nicht umherspritzt.

Geeignete Kräuter sind: Basilikum, Rosmarin, Thymian, Koriandersamen, Fenchel, Estragon.

Aromatisches Öl

450 ml Salatöl, 2 Stiele Rosmarin, 6 Stiele Thymian, 1 große Knoblauchzehe, 1 bis 2 grüne Chillies, 5 bis 6 kleine rote Chillies, 6 schwarze Pfefferkörner, 6 Wacholderbeeren

Wir stecken die gewaschenen und trockengetupften Kräuter sowie alle anderen Zutaten durch den Flaschenhals, gießen das Öl auf und korken die Flasche fest zu. Wer grüne Speisefarbe im Haus hat, kann das Öl mit ein bis zwei Tropfen davon leicht grün färben. (Der Saft von ausgedrückten Spinat- oder Petersilienblättern eignet sich ebenfalls dafür.) Bevor wir das Öl benutzen, lassen wir es zwei Wochen stehen. Wollen wir das Würzöl verschenken, können wir den Korken mit rotem Kerzenwachs versiegeln.

Basilikumöl

4 Eßl. gehackte Basilikumblätter, 450 ml Salatöl
Die Basilikumblätter mit einem Stößel zerdrücken. Ein wenig Öl zufügen und die Kräuterpaste weiterbearbeiten. Mit dem restlichen Öl vermischen und in eine hübsche weithalsige Flasche füllen. Luftdicht verkorken. Vor dem ersten Gebrauch zwei Wochen stehen lassen, alle drei bis vier Tage kräftig schütteln. (Nicht durchseihen!)
Basilikumöl ist besonders geeignet für Salatsoßen und Pizzas.

Kräuteressige

Sauer macht lustig, sagt der Volksmund. Die moderne Medizin bestätigt uns das. In kleinen Mengen genossen, ist Essig wie alles Saure gesund, dem Stoffwechsel dienlich. Wir können ihn zwar für bestimmte Speisen durch Zitronensaft ersetzen, aber auf keinen Fall entbehren. Was wäre eine gute Salatsoße ohne den kleinen Schuß Essig? Geradezu unersetzlich ist er zum Beispiel beim Einmachen von Mixed Pickles, Essigbirnen und -pflaumen sowie Gewürzgurken. Essig ist ein Naturprodukt. Er wird durch Gärung aus Wein, Obstsäften oder Molke gewonnen. Essigessenzen verdünnen wir nach Vorschrift mit Wasser. Besonders beliebt ist Essig, der den Geschmack beeinflussende Substanzen enthält, zum Beispiel Kräuter. Ein solcher Kräuteressig eignet sich vorzüglich für das Herstellen von Marinaden, Salatsoßen sowie Soßen, die neben anderen Zutaten auch Essig vorschreiben. Am besten sind jene Kräuteressigsorten, die mit nur einem Gewürz aromatisiert sind. Doch lohnt es sich, auch Kräuteressig aus gemischten Kräutern herzustellen.

In jedem Fall verwenden wir dazu Weinessig. Zuerst füllen wir eine durchsichtige Weinflasche oder ein Schraubglas lose mit geputzten, gewaschenen und sorgsam trockengetupften Kräuterzweigen und gießen dann den Weinessig darüber. Verwenden wir Samen, zum Beispiel von Dill oder Koriander, wärmen wir den Essig am besten vorher leicht an, damit das Aroma leichter an den Essig übergeht.

Am besten sind Kräuter, die sich kurz vor der Blüte befinden. Außerdem ist es ratsam, die Kräuterstiele dann zu pflücken, wenn es die beiden vorangegangenen Tage nicht geregnet hat. Das Aroma der Kräuter ist so konzentrierter.

Für Kräuteressig geeignet sind Kräuter und andere Gewürze mit starkem Aroma: Basilikum, Koriander, Dill, Knoblauch, Minze, Meerrettich, Estragon, Kapuzinerkresse, Thymian, auch Holunderblüten.

Holunderblütenessig

Ein weithalsiges Gefäß mit sauberen, trockenen Holunderblüten füllen. Weinessig darübergießen und zwei bis drei Wochen gut verschlossen an dunklem Ort stehenlassen. Durchseihen, in eine gewöhnliche Flasche gießen, zukorken und für Salatsoßen verwenden oder gedünstetes Obst mit ein paar Tropfen würzen.

Basilikum-und-Knoblauch-Essig

1 zerdrückte Knoblauchzehe, 10 Eßl. gehackte Basilikumblätter, 450 ml Weinessig

Knoblauch und Basilikum in einer größeren Schale mit einem Stößel zerdrücken. Die Hälfte des Weinessigs erhitzen und darübergießen. Nochmals alles eine bis zwei Minuten lang kräftig zerdrücken und dann erkalten lassen. Mit dem restlichen Weinessig mischen und in eine Weinflasche gießen. Luftdicht verschließen und alle paar Tage kräftig schütteln. Nach zwei Wochen durchseihen und in eine andere Flasche umgießen.

Estragonessig
siehe Seite 63

Was sonst noch zum Würzen gehört

Gekörnte Brühe, Fleischbrühwürfel oder -paste sind ein gutes Würzmittel für Suppen, Soßen und Fleischgerichte. Ein kleiner Vorrat davon sollte immer im Hause sein.

Glutamat, ein farbloses salzähnliches Würzpulver, hat die Eigenschaft, die Wirkung der meisten anderen Geschmacksstoffe hervorzuheben, den Geschmack abzurunden. Wir verwenden es für alle nicht süßen Gerichte in nur winzigen Mengen, weniger als eine Prise.

Pilze, frisch oder getrocknet, sind ein wertvolles Würzmittel. Wir verfeinern mit ihnen Suppen, Soßen, Gulasch, Hackbraten, Ragouts und Pasteten.

Zitronenschale und Apfelsinenschale verfügen über sehr aromatisches ätherisches Öl und geben vielen Speisen einen ganz besonderen Geschmack. Vor der Verwendung sollten die Früchte jedoch gründlich warm abgespült werden. Ein hauchdünn geschnittenes Stück Zitronenschale im Mandelpudding oder an einem Stück Würfelzucker geriebene Apfelsinenschale im Erdbeer- oder Rhabarberkompott wirken

Wunder. Der angenehm saure Saft der Zitrusfrüchte wird gern für Soßen, Salatmarinaden, Suppen, Süßspeisen und Kuchen verwendet. Französische Köche würzen zum Beispiel die Soßen für den Entenbraten mit Apfelsinensaft und garnieren den Braten mit in Butter gedünsteten Apfelsinenschalen. Aus der Bitteren Orange, auch Pomeranze genannt, wird in einigen Ländern, vor allem in England, eine besonders gute, leicht bittere Orangenkonfitüre bereitet. Die kandierte Schale der Zedratzitrone und der Apfelsine, Zitronat und Orangeat genannt, hat vor allem in der Weihnachtsbäckerei einen festen Platz. Sie verleihen aber auch Geflügelfüllungen einen würzigen Geschmack. Zitronat und Orangeat müssen wir kühl und luftig aufbewahren, sonst bekommt die kostbare Schale einen dumpfigen Geschmack.

Reibkäse ist zum Würzen sehr geeignet. Es verbessert den Geschmack von Salaten, Suppen und Soßen, Eier-, Gemüse-, Reis- und Nudelgerichten. Je reifer der Käse ist, um so besser schmilzt er, und je fettreicher er ist, desto leichter fließt er. Beim Überbacken von Nudelauflauf gehören die Butterflöckchen auf den Käse, nicht darunter. Besonders »rösch« wird die Kruste, wenn wir den grob geraspelten Käse mit geriebener Semmel mischen. Spaghetti werden mit Reibkäse gemischt, solange sie noch warm sind. Die warmen Nudeln lassen den Käse schmelzen wie Butter, zugleich bindet er den letzten Tropfen vom Kochwasser. Zerkrümelter Blue Master schmeckt besonders gut im grünen Salat und, mit der Gabel zerdrückt, in saftigen, leicht ausgehöhlten Birnenhälften.

Kaffee, vor allem in Pulverform, gibt Mixgetränken, Cremes, Puddings und Glasuren einen mokkaartigen Geschmack.

Alkohol. Feinschmecker benutzen auch gern ein Gläschen Weinbrand, Wein oder Bier zum Würzen. In Ländern, wo Wein angebaut wird, ist es üblich, Fleischschmorgerichte mit Wein zu kochen. Dabei ist eine Regel zu beachten: Der Wein muß von Anfang an mitgekocht werden, weil er die Aufgabe hat, den Fleischsaft, das Gemüse und die Gewürze zu einer aromatischen Soße zu verbinden. Ein Schuß Madeira oder trockener Wermut gibt manchen Gerichten — zum Beispiel gekochtem Schinken oder Zungenragout — einen unübertrefflichen Geschmack. Auch Sherry verfeinert Ragouts. Wollen wir die Soße von Pfannengerichten, wie Steak oder Schnitzel, mit ein wenig Wein verfeinern, müssen wir ihn ebenfalls gut durchkochen lassen. Suppen, beispielsweise Tomaten- oder Selleriesuppe, sowie klare Fleischbrühen können wir mit einem Eßlöffel Madeira oder Wermut abschmecken. In diesen Fällen wird der Wein nicht gekocht. Bier ist ebenfalls ein beliebtes Würzmittel. Es gehört zum Beispiel an Karpfen polnisch, an Biersuppe und an englische überbackene Käseschnitten.

Für feine Nachspeisen, wie Obstsalate, Kompotte oder Eis, sind oft ein bis zwei Teelöffel Likör, Cherry, Weinbrand oder Rum das Tüpfelchen auf dem i.

Wichtige Gewürze werden im folgenden in alphabetischer Reihenfolge vorgestellt. Wir erfahren unter anderem, woher die Gewürze kommen, wie sie beschaffen sind und wie man sie verwendet.

Anis

Pimpinella anisum (Süßer Kümmel, Anais, Brotsamen, Taubenanis)

herzförmig-rundlichen langgestielten unteren Blättern und kurzgestielten dreiteiligen oberen Blättern und lockere Dolden aus kleinen weißen Blüten. Ihre eirunden kleinen Früchte bestehen aus zwei Teilfrüchten, die meistens zusammenhängend in den Handel kommen

Zum Würzen verwendete Teile: die gelbgrauen getrockneten Früchte (ganz oder gemahlen) und die zarten Blattspitzen

Geruch: süßlich aromatisch

Geschmack: frisch würzig

Inhaltsstoffe: ätherisches Öl

Verwendung: Obstsalate, Obstsuppen, Fischmarinaden, süßsaure Soßen, rote Bete, Mohrrüben, Rotkohl, Kürbis, Gurken, Pflaumenmus, Brot und Brötchen, Weihnachts- und anderes Gebäck, Puddings, süße Aufläufe, Punsch, Tee

Verträgt sich mit: Ingwer, Nelken, Muskatnuß, Vanille (für süße Speisen); Muskatnuß, Pfeffer, Nelken, Ingwer (für salzige Speisen)

Anbau: Anis wird gewöhnlich nicht in Gärten gezogen

Anmerkung: Anistee gilt als krampflösend und hilft gegen Blähungen

Familie: Doldengewächse

Herkunft: Östlicher Mittelmeerraum

Verbreitung: Mittel-, Süd-, Südosteuropa, UdSSR, Ägypten, Zypern

Aussehen: Die einjährige bis zu 50 cm hohe Pflanze hat einen aufrechten, gerillten Stengel mit ungeteilten

Zu beachten: Gemahlener Anis verliert seine Würzkraft schnell. Daher ist es ratsam, ihn erst kurz vor Gebrauch mit dem Mörser oder der Nudelrolle zu zerkleinern. Ungemahlener Anis hält sich bis zu einem Jahr. Frisch gemahlener Anis besitzt die doppelte Würzkraft der ganzen Früchte.

Geschichtliches: Anis war schon in Ägypten, Griechenland und im Rom des Altertums beliebt. Die Römer verspeisten Aniskuchen am Ende von Festmählern und Hochzeitsfeiern zur Förderung ihrer Verdauung. Sie verwendeten Anis auch zum Einmachen von Oliven, zum Würzen von Wein und Schweinebauch. Im Mittelalter schrieb man Anis wie vielen anderen Gewürzen Heilwirkungen bei allerlei Krankheiten zu. Der Kräutergelehrte Tabernaemontanus empfahl Anis vor allem bei Leibschmerzen, Husten und Gelbsucht. »Er gibt dem Atem einen guten Geruch, dem Gesicht ein jugendliches Aussehen und erleichtert schwere Träume, wenn man ihn so über dem Kopfkissen aufhängt, daß der Schlafende ihn riecht«, riet Plinius d. Ä. (23–79 u. Z.).

Anisplätzchen
120 g Margarine, 1 Tasse Zucker, 1 Ei, 120 g Mehl, 1 gestrichener Teel. Backpulver, 1 Prise Salz, 1 Tasse Haferschneeflocken, 1½ Tassen Kokosnußraspeln, 2 Teel. gemahlener Anis
Margarine und Zucker cremig rühren. Ei zugeben und kräftig unterschlagen. Mehl, Backpulver und Salz durchsieben und unter die Masse rühren. Haferschneeflocken, Kokosnußraspeln und Anis zufügen und alle Zutaten zu einem festen Teig vermischen. Mit den Händen kleine walnußgroße Bällchen formen, auf ein gefettetes Blech legen und 12 bis 15 Minuten bei mittlerer Hitze (190–220 °C) backen. Auf dem Backblech abkühlen lassen.

Basilikum

Ocimum basilicum (Basilienkraut, Königskraut, Suppenbasil, Hirnkraut)

Geschmack: frisch, pfefferartig, würzig

Inhaltsstoffe: Gerbstoff, ätherisches Öl

Verwendung: Kräuterbutter, Suppen, Gemüsesäfte, Mayonnaisen, Salate und Salatsoßen, Tomatenspeisen und -soßen, Rührei, Käsegerichte, Gemüsesuppen, Fisch, Hammel- und Schweinefleisch, Leber, Frikassee, Gurken, Eintopfgerichte, Quark, Pizza, Kräuteressig

Verträgt sich mit: Pfeffer, Knoblauch, Zwiebeln, Rosmarin, Bohnenkraut, Dill, Salbei, Estragon, Koriander, Petersilie, Käse und Wein

Anbau: Liebt sonnige, geschützte Lage und gut gedüngten feuchten Boden. Aussaat ab Februar unter Glas am Küchenfenster; Mitte Mai auspflanzen. Die direkte Aussaat ins Freiland kann aber Anfang Mai erfolgen. Die Ernte der Blätter erfolgt mehrmals im Jahr kurz vor der Blüte. Basilikum läßt sich auch am sonnigen Fenster im Blumentopf, auf dem Balkon oder im Kasten ziehen. Im Schatten trocknen

Anmerkung: Basilikumtee wirkt beruhigend, schweißtreibend und schleimlösend

Familie: Lippenblütengewächse

Herkunft: Vorderindien

Verbreitung: Mittelmeerraum, auch in der DDR (Aschersleben)

Aussehen: Die einjährige 40 bis 50 cm hohe Pflanze hat längliche bis eiförmige unregelmäßig gezähnte Blätter und unscheinbare weiße Blüten

Zum Würzen verwendete Teile: Blätter, frisch oder getrocknet

Geruch: aromatisch

Zu beachten: Basilikumblätter schmecken am besten frisch. Unmittelbar vor der Blüte haben sie die höchste Würzkraft. Basilikum läßt sich gut einfrieren. Sorgsam getrocknet und gut verschlossen, hält es sich etwa ein Jahr. Gerebeltes Basilikum wird bei gekochten Speisen in der Regel etwa 10 Minuten vor Beendigung der Garzeit zugefügt. Sein Aroma verstärkt sich beim Kochen.

Geschichtliches: Das würzige Kraut galt bei den alten Römern als Symbol des Hasses. Im Mittelalter trug man es, um Zuneigung zu erwecken, im Strumpf oder in der Brusttasche. Vielerorts glaubte man, aus dem Kraut wüchsen Skorpione, sofern man ein paar Blätter davon zerreißt und einen Blumentopf darüberstülpt. Kräuterkundige empfahlen Basilikum in alten Zeiten auch gegen Traurigkeit. Selbst der Kräutergelehrte Otho Brunfels (1489–1534) glaubte noch an die teuflischen Kräfte dieser Pflanze: »Wan man dieses Kraut hat wollen sähen und pflanzen, so hat man dazu müssen übel Flüche und böse Worte sprechen, damit es wachse.«

Italienische Kräuterwürze – Pesto alla Genovese
1 Tasse frische Basilikumblätter (oder 1 Tasse Petersilie und 2 Eßl. gerebeltes Basilikum), 2 Zehen Knoblauch, $\frac{1}{4}$ Tasse Erdnüsse, $\frac{3}{4}$ Tasse Reibkäse, $\frac{3}{4}$ Tasse Salatöl, Salz und Pfeffer
Basilikum, Knoblauch und Erdnüsse fein hacken. Danach den Reibkäse dazugeben und tropfenweise mit dem Öl verrühren. Mit Salz und Pfeffer abschmecken. Pesto schmeckt zu Spaghetti, Makkaroni oder zu frischen, in der Schale gebackenen Kartoffeln. Die Würze hält sich mit etwas Öl übergossen einige Wochen im Kühlschrank.

Beifuß

Artemisia vulgaris (Wilder Wermut, Gänsekraut, Jungfernkraut, Mutterkraut, Sonnenwendkraut, Männerkrieg)

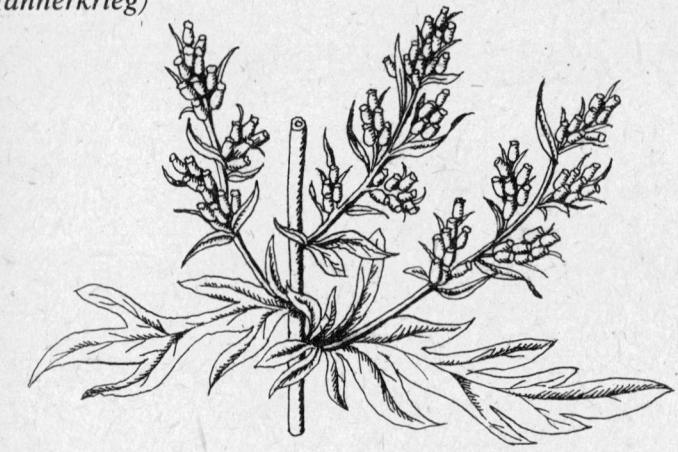

Familie: Korbblütengewächse

Herkunft: Mittleres und nördliches Asien, Mitteleuropa

Verbreitung: Nördliche Halbkugel

Aussehen: Die ausdauernde bis zu 2 m hohe Pflanze hat einen aufrechten, ästigen Stengel, fiederspaltige Blätter mit lanzettlichen Zipfeln und gelbe oder rotbraune Blüten

Zum Würzen verwendete Teile: die frischen oder getrockneten Zweigspitzen mit den Blütenkörbchen kurz vor der Blüte sowie die oberen kleinen Blätter

Geruch: mild-herb

Geschmack: würzig, leicht bitter

Inhaltsstoffe: ätherisches Öl, Bitterstoffe

Verwendung: Soßen, Salate, Eierkuchen, Fisch- und Gemüsesuppen, Hackfleischgerichte, Hammel- und Schweinebraten, Enten- und Gänsebraten, Wildbraten, Schmalz

Verträgt sich mit: Zwiebel, Knoblauch und Pfeffer

Anbau: Beifuß wächst überall wild. Wir können ihn an jedem Standort aussäen. Die noch knospigen Zweigspitzen werden von Juli bis September geerntet und hängend im Schatten getrocknet

Anmerkung: Beifußtee beruhigt und hilft bei Durchfall

Zu beachten: Voll erblühte Pflanzen verwendet man nicht, sie schmecken stark bitter. Beifuß ist stets mitzukochen. Dunkel aufbewahrt, hält sich seine Würzkraft etwa ein Jahr. Für Beifußtee wird das Kraut erst nach der Blüte gesammelt.

Geschichtliches: Im alten Griechenland galt Beifuß als Ambrosia, als Götterspeise. Der Römer Plinius d. Ä. glaubte, man habe sich Beifuß in die Schuhe gelegt oder sich an den Fuß gebunden, um Ermüdungen vorzubeugen — daher stamme der Name. Die Germanen und Kelten verehrten den Beifuß als »Mutter aller Kräuter«. Sie waren von seinen Zauberkräften, die vor Hexen und Krankheiten schützen sollten, überzeugt. Zur Sonnenwendfeier gürteten sie sich mit Beifuß. Noch im Mittelalter blieb der Gebrauch von Beifuß mit viel Aberglauben verbunden.

Beifußeierkuchen
125 g Mehl, ½ Teel. Salz, 2 Eier, ¼ l Milch, ½ Teel. frisches gehacktes (oder 1 Messerspitze getrocknetes) Beifußkraut, Schmalz zum Ausbacken
Mehl und Salz in eine Schüssel sieben und in der Mitte eine Mulde eindrücken. Eier hineinschlagen und mit der Holzkelle von der Mitte aus langsam mit Mehl vermischen. Sobald die Masse dicklich wird, die Hälfte der Milch unterrühren. Danach den Teig kräftig schlagen und die restliche Milch zugießen. Beifuß unterrühren und in der Bratpfanne im heißen Schmalz hauchdünne Eierkuchen ausbacken. Zusammenrollen und mit Worcester- oder Sojasoße beträufeln. Wir können die Eierkuchen auch mit in Butter gedünsteten dünnen Zwiebelringen füllen.

Bohnenkraut

Satureja hortensis (Pfeffer-, Wurst- und Aalkraut, Kölle, Saturei)

Familie: Lippenblütengewächse
Herkunft: Östlicher Mittelmeerraum und Kleinasien
Verbreitung: Südeuropa, Südwestasien, südliche UdSSR
Aussehen: Die einjährige buschige 20 bis 30 cm hohe Pflanze hat einen reich verzweigten Stengel und schmallanzettliche, drüsig punktierte Blätter und kleine weiße bis rosaviolette Blüten. Die Frucht ist ein Nüßchen
Zum Würzen verwendete Teile: Stengel und Blätter, frisch und getrocknet
Geruch: aromatisch-würzig
Geschmack: scharf, pfefferartig brennend
Inhaltsstoffe: ätherisches Öl, Gerbstoffe
Verwendung: Gurkensalat, Eierspeisen, Kräutersoßen, Kartoffel- und Gemüsesuppen, Hülsenfruchteintopfgerichte, Kohl, Rosenkohl, Tomaten, Gurken, Sauerkraut, Pilze, Kartoffelpuffer, Aufläufe, Käsegebäck, Kräuteressig
Verträgt sich mit: Petersilie, Zwiebel, Suppengrün, Lorbeerblatt, Knoblauch, Thymian, Rosmarin
Anbau: Liebt Sonne und bevorzugt guten leichten Boden. Die Aussaat erfolgt ab April; Reihenabstand 20 bis 30 cm. Erntebeginn ist Juli, vor und während der Blüte. Bohnenkraut wächst auch im Blumentopf auf der Fensterbank und im Kasten auf dem Balkon. Gebündelt an luftigem Ort trocknen
Anmerkung: Bohnenkrauttee gilt als magenstärkend und krampflösend

Zu beachten: Am feinsten und würzigsten ist das Bohnenkraut vor der Blüte. Für rohes Gemüse oder Gurkensalat verwendet man nur die zarten Blattspitzen. In Eintöpfen muß das Bohnenkraut mitkochen; in empfindlichen Speisen wie Ragouts lassen wir es nur 10 Minuten mitziehen, damit es nicht zu stark vorschmeckt. Bohnenkraut verträgt sich nicht mit Oregano (Dost).

Geschichtliches: Wegen seiner verdauungsfördernden Wirkung war das Kraut bereits bei den Ärzten der Antike und des Mittelalters beliebt. Der italienische Kräutergelehrte Matthiolus, Hofarzt des Kaisers Maximilian, schreibt in seinem »New Kreuterbuch« aus dem Jahr 1563: »Saturey gibt eine liebliche schärpffe, darmit sie den lust und begird zu essen erweckt, sterckt das dewen (Verdauen) im magen, benimpt den ungelust und das wüllen ...«

Grüne-Bohnen-Salat

500 g grüne Bohnen, 1 Zweig Bohnenkraut
Für die Salatsoße: 4 Eßl. Salatöl, 1 Eßl. Weinessig, Salz und Pfeffer, ½ gehackte Zehe Knoblauch, 1 Teel. gehacktes Bohnenkraut, 1 Eßl. feingehackte Zwiebeln, 1 Teel. gehackte Petersilie
Bohnen putzen und unzerkleinert in wenig Salzwasser zum Kochen bringen. Bohnenkraut zufügen und 15 Minuten bei kleiner Flamme garen. Durch ein Sieb gießen und gut abtropfen lassen. Salatsoße aus den genannten Zutaten anrühren und über die warmen Bohnen gießen. Gut mischen und bis zum Essen kalt stellen.

Borretsch

Borago officinalis (Gurkenkraut, Gurkenkönig, Herzfreude, Liebäuglein, Wohlgemutsblume, Bienenbrot)

Geruch: gurkenartig
Geschmack: mild würzig
Inhaltsstoffe: ätherisches Öl (nur Spuren), Gerbstoffe
Verwendung: Kräutersoßen, Mayonnaise für Fisch, Fleisch und Eier, Kräuterbutter, Kräuterquark, grüner Salat, Paprika-, Kartoffel-, Gurken- sowie Tomatensalat, Schmorgurken, Kräuteressig (mit Blüten), Erfrischungsgetränke, Joghurt. Die blauen eßbaren Blütensterne eignen sich gut zum Garnieren
Verträgt sich mit: allen Kräutern, Paprika, Chili
Anbau: Wächst überall, bevorzugt Sonne und einen kalkhaltigen leichten Boden. Aussaat ab Anfang April. Folgesaat ist empfehlenswert. Blüht im Juni und Juli, oft noch im Herbst. Ernte beginnt bei den frühlingsgrünen Blättern. Borretsch ist eine sehr dekorative Pflanze, die auch im Blumentopf am Fenster oder im Kasten auf dem Balkon gedeiht
Anmerkung: Borretschtee gilt als Mittel gegen Fieber, Rheumatismus und schwache Nerven

Familie: Borretschgewächse
Herkunft: Westlicher Mittelmeerraum
Verbreitung: Westeuropa. Wächst auch wild an Büschen, Ufern und Wegrändern
Aussehen: Die einjährige 30 bis 60 cm hohe Pflanze hat saftige, stark behaarte Stengel und Blätter. Die Blüten haben eine radförmige himmelblaue Blütenkrone
Zum Würzen verwendete Teile: frische Blätter und Blüten

Zu beachten: Borretsch ist feingeschnitten am aromatischsten. Kochen verträgt das Kraut nicht. Bei warmen Speisen wird es unmittelbar vor dem Servieren zugegeben. Borretsch eignet sich weniger zum Trocknen. Er verliert dabei fast völlig an Aroma. Einfrieren ist empfehlenswert. Man kann Borretsch in Öl, Essig oder Salz konservieren.

Geschichtliches: Aus alten Kräuterbüchern geht hervor, daß die Römer den Borretsch nach Mitteleuropa gebracht haben. Der Kräutergelehrte des 16. Jahrhunderts Leonhard Fuchs (1501—1565) gab folgenden Ratschlag: »Die blümlin von der Burretsch in wein gelegt und darvon getruncken, machen fröhlich vnnd vertreiben die traurigkeyt vnnd allerley schwermütigkeyt.« Borretsch ist einer der sieben Bestandteile der Grünen Frankfurter Soße, die Goethe so liebte.

Borretsch-Buttermilch-Getränk

½ l Buttermilch, ⅛ l Joghurt, 2 Eßl. feingeschnittene Borretschblätter, 1 Teel. Schnittlauch, Borretschblütensterne zum Garnieren, 1 Prise Edelsüßer Paprika
Buttermilch und Joghurt mit dem Schneebesen gut vermischen. Borretsch zufügen und abermals schlagen. Mit Schnittlauch, Borretschblüten und einer Prise Paprika garnieren.

Kräuterbutter

125 bis 150 g Butter, je 1 Eßl. feingeschnittene Borretschblätter, Dill, Schnittlauch, 1 Teel. feingehackte Zwiebel, etwas Zitronensaft, Salz und Pfeffer
Butter cremig rühren, mit Kräutern und Zitronensaft vermischen. Mit Salz und Pfeffer würzen, zu einer Rolle formen und in Alufolie im Kühlschrank aufbewahren. Als Brotaufstrich oder zu Grillgerichten verwenden.

Cayennepfeffer/Chillies

Capsicum frutescens (Schotenpfeffer, Teufelspfeffer, Peperoni, Spanischer, Roter, Indianischer Pfeffer, Kolumbianischer Paprika)

Familie:
Nachtschattengewächse
Herkunft: Tropisches Mittel- und Südamerika
Verbreitung: Afrika, China, Mexiko, Indien, Vietnam, Südamerika
Aussehen: Der bis zu 1 m hohe Strauch hat langgestielte, spitzeiförmige Blätter, grünlich weiße Blüten und je nach Reifegrad grüne, rote oder gelbe Beerenfrüchte. Sie sind wesentlich kleiner als die des süßen Paprikas, bis zu 2 cm lang
Zum Würzen verwendete Teile: die frischen und die getrockneten Früchte mit Samen
Geruch: charakteristisch (reizt zum Niesen)
Geschmack: sehr scharf
Inhaltsstoffe: Kapsaicin

(verantwortlich für die Schärfe), viel Vitamin C, weniger Vitamin A und E
Verwendung: Suppen, Soßen, Rührei, Omelett, Currygerichte, Gemüseeintöpfe, Gulasch, Hühnerfleischgerichte, Reis, Gurken, Paprikaschoten, Tomaten- und Gemüsesäfte, Käsegebäck, Pizza
Verträgt sich mit: allen Gewürzen, außer schwarzem Pfeffer. Wird zu vielen Gewürzmischungen, Chili- und Currypulver sowie Tabascosoßen verwendet
Anbau: Vorwiegend in den Tropen
Anmerkung: Manche Arten sind so scharf, daß sie schon bei Berührung Hautreizungen verursachen

Zu beachten: Chilipulver ist 20mal so scharf wie Gewürzpaprika. Der Geschmack ist jedoch weniger aromatisch als der von Paprika und die Farbe bedeutend blasser. Vorsicht beim Würzen!

Geschichtliches: Cayennepfeffer oder Chillies wurden wahrscheinlich in Peru schon viele Jahrhunderte vor der Entdeckung Amerikas angebaut. Kolumbus' Begleiter kamen als erste Europäer mit Chillies in Berührung. »Sie würzen mit einem Gewürz, das man Agi (oder Aji) nennt und das auch zu Fisch und solchen Vögeln gegessen wird, die sie auf der Insel finden«, schrieb Dr. Chanca, ärztlicher Begleiter des Kolumbus, in sein Tagebuch. Mit Agi war Cayennepfeffer gemeint, der in Mexiko Chili hieß. Die Spanier und Portugiesen haben die Pflanze später in den von ihnen beherrschten Gebieten verbreitet. In Europa warnte man vor übermäßigem Gebrauch: »Man soll aber dessen nicht über zwölff Körnlin auf einmahl einnehmen, sonst bringt es schaden und macht den Menschen gantz toll«, empfahl der Frankfurter Gelehrte Lonicerus, der von 1528 bis 1586 lebte.

Chilikäsestangen

100 g kalte Butter, 3 Eßl. Reibkäse, 125 g Mehl, 1 Prise Salz, 1 Messerspitze Chilipulver, 1 Eigelb, Mohn, gehackte Nüsse

Butter in Flöckchen schneiden und mit dem Reibkäse vermischen. Durchgesiebtes Mehl, Salz, Chilipulver und Eigelb zufügen und alles mit den Fingerspitzen rasch zu einem geschmeidigen Teig kneten. Falls er zu fest ist, ein paar Tropfen kaltes Wasser zufügen. Teig ausrollen und in fingergroße Streifen schneiden. Mit Mohn oder gehackten Nüssen garnieren. Auf ein gefettetes Backblech legen und etwa 10 Minuten bei starker Hitze (230–250 °C) backen. Nach dem Abkühlen in einer Blechdose aufbewahren.

Dill

Anethum graveolens (Gurkenkräutel, Kapernkraut, Dille, Jill)

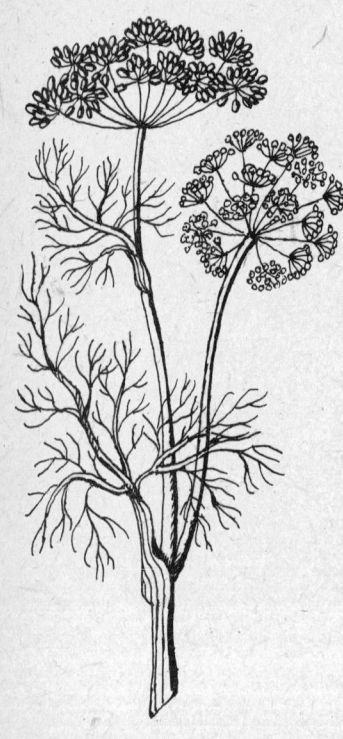

stielrunden Stengel, luftig gefiederte Blätter und große gelbe Blütendolden. Die eiförmigen Früchte zerfallen in zwei Teilfrüchte

Zum Würzen verwendete Teile: Blätter, Stengel, Blüten und Samen

Geruch: aromatisch

Geschmack: süßlich würzig

Inhaltsstoffe: ätherisches Öl

Verwendung: Soße für Fisch, Salatsoßen, grüner Salat, Gurkensalat, Tomatensalat, Fischsalate, Mayonnaisen, Rührei, Omelett, Pfannkuchen, junge Kartoffeln, Spaghetti, Kräuteressig, eingelegte Gurken, Kräuterbutter

Verträgt sich mit: Petersilie, Schnittlauch und Borretsch

Anbau: Wächst überall. Liebt kalk- und humushaltigen Boden und einen sonnigen Standort. Aussaat erfolgt von März bis Juni in Folgesaaten. Dill gedeiht auch am Fenster im Blumentopf oder im Kasten auf dem Balkon. Wird häufig von einem Pilz befallen. Eine wirksame Bekämpfungsmethode ist noch nicht bekannt

Familie: Doldengewächse

Herkunft: Östlicher Mittelmeerraum

Verbreitung: Europa, UdSSR, USA

Aussehen: Die einjährige Pflanze wird bis zu 1,20 m hoch, hat einen verästelten

Anmerkung: Dilltee gilt als mildes Schlafmittel, hilft bei Mundgeruch und Blähungen

Zu beachten: Das ätherische Öl des Dills verflüchtigt sich schnell. Daher geben wir das feingeschnittene Kraut in der Regel warmen Speisen erst kurz vor dem Servieren zu. Bei Fleischgerichten vom Kalb oder Rind lassen wir den Dill einige Minuten mitkochen. Zum Garnieren verwenden wir die zarten Blattspitzen. Dill läßt sich einfrieren, verliert aber dabei an Aroma. Er eignet sich auch für Kräuteressig.

Geschichtliches: Dill wird bereits in alten ägyptischen Schriften erwähnt. Auch bei den Griechen und den Römern war Dill sehr beliebt. Die mittelalterlichen Kräuterkundigen empfahlen das Kraut unter anderem gegen Übelkeit, Kopfschmerzen, Hundebiß und Seitenstechen. Wer unruhig schlief, schnarchte oder aus dem Bett sprang, dem sollte man Dill unters Kopfkissen legen. Bräuten riet man, Dill in den Hochzeitsschuh zu legen und auf dem Weg zur Trauung leise vor sich hin zu murmeln: »Ich habe Senf und Dill, und mein Mann muß tun, was ich will.«

Dillsahne

¼ l saure Sahne, 1 bis 2 Eßl. Senf, 4 bis 5 Eßl. feingeschnittener Dill, Salz und Pfeffer, Gewürzpaprika

Sahne und Senf mit dem Schneebesen gut verquirlen. Dill zufügen und mit Salz, Pfeffer und Paprika abschmecken. Die Dill-Sahne schmeckt besonders gut zu Quarkkeulchen oder zu gekochtem Fisch.

Bulgarische Dillsuppe — Tarator

½ große grüne Salatgurke, ½ l Joghurt, 1 bis 2 Eßl. gehackte Walnüsse, 1 bis 2 Eßl. feingeschnittener Dill, Salz und Pfeffer, Gewürzpaprika

Grüne Gurke ungeschält in haselnußgroße Würfel schneiden und mit den übrigen Zutaten vermischen. Mit Salz, Pfeffer und Paprika abschmecken und eiskalt servieren.

Estragon

Artemisia dracunculus (Kaisersalat, Dragonbeifuß, Eierkraut)

Familie: Korbblütengewächse
Herkunft: Zentralasien, südöstliche UdSSR
Verbreitung: Europa, UdSSR, USA. Wächst auch wild
Aussehen: Die ausdauernde bis zu 1,20 m hohe Pflanze hat dunkelgrüne ungeteilte lanzettliche Blätter, kleine kugelige weißlich-grüne Blütenköpfchen

Zum Würzen verwendete Teile: die jungen Triebe, frisch oder getrocknet
Geruch: stark aromatisch
Geschmack: anisähnlich würzig, leicht bitter
Inhaltsstoffe: ätherisches Öl, Gerb- und Bitterstoff
Verwendung: Kräuterbutter, Kräutersoßen, Fleischbrühe, Gurkensalat, Tomatensalat, Hackfleisch, Frikassee, Eierkuchen, Rührei, Reis, Nudeln, Kartoffeln, Kräuteressig, eingelegte Gurken, Obstsalat
Verträgt sich mit: Zwiebel, Pfeffer, Knoblauch, Petersilie, Schnittlauch, Kerbel, Salbei, Basilikum, Bohnenkraut, Thymian, Oregano, Rosmarin und Majoran
Anbau: Estragon bevorzugt sonnigen, gut gedüngten Boden. Braucht viel Feuchtigkeit. Die Vermehrung erfolgt durch Stecklinge, Wurzelstockteilung oder Samen. Zum Trocknen bestimmte Blätter werden vor der Blüte geerntet. Estragon gedeiht auch in einem großen Topf auf dem Balkon
Anmerkung: Estragon gilt als entschlackendes, harntreibendes, blutreinigendes Kraut

Zu beachten: Der Geschmack des Krautes ist sehr intensiv, daher lassen wir beim Würzen Vorsicht walten. Zuviel Estragon ergibt einen bitteren Beigeschmack. Frischer Estragon besitzt die höchste Würzkraft. Er wird feingehackt erst kurz vor dem Servieren an die Speisen gegeben. Getrockneten Estragon (gemahlen oder gerebelt) lassen wir 1 bis 2 Minuten mitgaren. Für Marinaden und Kräuteressig werden die jungen Triebe im Ganzen verwendet.

Geschichtliches: Manche Römer glaubten, ein Sträußchen Estragon in der Brusttasche bewahre den Träger vor dem gefürchteten Schlangenbiß. Estragon wird seit dem 14. Jahrhundert besonders von französischen Köchen vielseitig verwendet. Er ist dort heute Bestandteil einer klassischen Kräutermischung, Fines Herbes genannt.

Estragon-Apfelsinen-Salat
4 Apfelsinen, 1 bis 2 Teel. gehackter Estragon, 3 Eßl. Salatöl, 2 Teel. Zitronensaft, 1 Teel. Weinessig, Gartenkresse
Apfelsinen schälen und in dünne Scheiben schneiden. Estragon darüberstreuen. Salatöl, Zitronensaft und Weinessig mischen und darübergießen. ½ Stunde marinieren lassen. Behutsam umrühren und mit Kresse garnieren. Sofort servieren.

Estragonessig
1 Flasche heller Weinessig, ½ Tasse frische Estragonblätter
Eine durchsichtige Flasche säubern, trocknen und die frisch abgezupften Estragonblätter hineingeben. Mit Essig auffüllen, fest verschließen und mindestens drei Wochen vor Gebrauch stehenlassen und in eine neue Flasche abseihen. Wer's gerne scharf hat, kann ein bis zwei Chillies mit in die Flasche stecken.

Fenchel

Foeniculum vulgare (Brotsamen, Brotwürzkörner, Fennisamen, Fenikel)

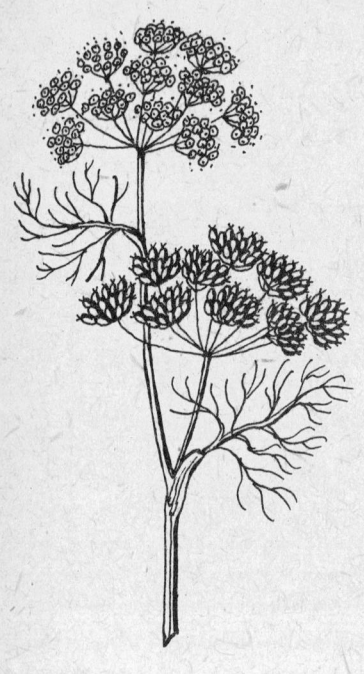

Familie: Doldengewächse
Herkunft: Mittelmeerraum
Verbreitung: Europa, südliche UdSSR, Indien, China, Japan, Nord- und Südamerika
Aussehen: Die zweijährige bis zu 1,50 m hohe Pflanze hat einen blaugrünen, bereiften stielrunden Stengel, wechselseitige, vielfach gefiederte Blätter, kleine gelbe Blüten und gestielte längliche, grüne, grüngelbe bis bräunliche zweisamige Spaltfrüchte. Sie zerfallen bei der Reife leicht in die Teilfrüchte

Zum Würzen verwendete Teile: die frischen Blätter, Stengel, Blüten, Knollen und Früchte
Geruch: aromatisch
Geschmack: würzig-süß, anisartig
Inhaltsstoffe: ätherisches Öl
Verwendung: Fleischbrühe, Soßen, Kräuterbutter, Kohlsuppen, Fischgerichte, Eierspeisen, Quark, Schweinefleischgerichte, Pellkartoffeln, Gurkengemüse, gegrilltes Fleisch, eingelegte Gurken und Früchte, Kuchen, Brot
Verträgt sich mit: Dill, Kümmel, Anis, Zwiebel und Knoblauch
Anbau: Fenchel braucht Sonne und feuchten humusreichen Boden. Im ersten Jahr werden aus den Samen Stecklinge gezogen, die im nächsten Jahr auf 40 bis 50 cm Abstand verpflanzt werden
Anmerkung: Fencheltee beruhigt, regt den Appetit an, fördert die Verdauung und beseitigt Blähungen

Zu beachten: Der Geschmack frischen Fenchelkrautes ist kurz vor der Blüte am intensivsten. Wir verwenden es feingeschnitten oder ganz zum Garnieren. Das Aroma von gemahlenen Fenchelfrüchten kommt besonders in Verbindung mit Mehl hervor. Daher werden sie auch gern zum Backen verwendet.

Geschichtliches: Fencheltee galt schon in alten Zeiten als Mittel gegen Blähungen. Für die Griechen war Fenchel ein Symbol des Erfolges. Er gelangte durch die Römer nach Mitteleuropa.

Fenchel-Apfel-Pie

240 g Mehl, 60 g Schmalz, 60 g Butter, 85 g Zucker, 1 Teel. Backpulver, 1 Eigelb, 1 Prise Salz, 2 bis 3 Eßl. Wasser, ½ kg Äpfel, 2 Teel. gemahlene Fenchelsamen, 1 Ei, 1 Eßl. Wasser.

Mehl und Backpulver in eine Schüssel sieben. Schmalz- und Butterflöckchen sowie 60 g Zucker zugeben und mit den Fingerspitzen rasch zu einem Mürbeteig verkneten. Teig halbieren, jedes Stück ausrollen, zwei Kreise ausstechen. Teigrest aufheben. Tortenform ausfetten, mit einem der Kreise belegen, den anderen auf ein Holzbrett bringen und beide kalt stellen. Äpfel schälen, vierteln, entkernen und in nicht zu feine Stücke schneiden. Fenchel mit dem restlichen Zucker mischen. Apfelstücke auf den Tortenboden legen (1 cm Rand frei lassen), mit der Zucker-Fenchel-Mischung bestreuen. Teigenden mit wenig Wasser anfeuchten. Den zweiten Kreis als Teigdeckel drauflegen und die Enden etwas hochdrücken. Aus dem Teigrest kleine Kugeln oder Blättchen formen, anfeuchten und den Pie-Deckel mit ihnen garnieren. Ei mit Wasser schlagen und den Pie damit bestreichen. Im Backofen bei mittlerer Hitze (190–220 °C) etwa 30 bis 40 Minuten goldgelb backen.

Gartenkresse

Lepidium sativum (Kresse, Kressekraut)

Familie: Kreuzblütengewächse
Herkunft: Nordafrika, Kleinasien
Verbreitung: Europa, südliche UdSSR
Aussehen: Die einjährige 25 bis 40 cm hohe Pflanze hat bläulich bereifte Stengel mit eiförmigen unteren Blättern und unterschiedlich gezähnten oberen Blättern. Ihre kleinen Blüten sind weiß bis rosarot
Zum Würzen verwendete Teile: die jungen, zarten Triebe im Ganzen

Geruch: senfartig
Geschmack: scharf, leicht brennend
Inhaltsstoffe: ätherisches Öl, Senfölglykoside, Vitamin C, Carotin, Vitamin B_1 u. a.
Verwendung: grüne und gemischte Salate, Gemüsesalate und Obstsalate, Brühen, Kräutersuppen, Sandwiches, Quark, Eiersalat, Rührei, gefüllte Eier, Kräuterbutter, gebratene, gekochte und gedünstete Fische; zum Garnieren
Verträgt sich mit: Petersilie, Pfeffer, Paprika
Anbau: Sie gedeiht auf jedem Gartenboden, auch im Schatten, verlangt aber ausreichende Feuchtigkeit. Aussaat ab Anfang März. In warmem Wasser geweichte Saat geht schneller auf. Sobald sich die ersten Blätter entwickelt haben, kann man ernten. Im Winter säen wir die Kresse auf einer flachen, mit doppeltem Zellstoff ausgelegten Schale aus, stellen sie bis zur Keimung in eine dunkle Ecke und halten sie feucht
Anmerkung: Kresse wirkt blutreinigend und magenstärkend

Zu beachten: Gartenkresse wird nur roh, am besten unzerkleinert, verwendet, manchmal auch kleingeschnitten. Durch Kochen büßt sie ihre Vitamine und ihren typischen Geschmack ein. Kresse ist besonders im Vorfrühling, wenn frisches Grün rar ist, von großem Wert.

Geschichtliches: Im Mittelalter empfahlen Kräutergelehrte dies »scharpff Kräutlin« gegen Husten, Kopfschmerzen, Zahngeschwüre, ja sogar gegen Haarausfall. »Der Saame im Mund gekäuet und unter der Zunge gehalten, benimmt die Lähme und macht wiederum reden«, heißt es in Lonicerus' Kräuterbuch.

Kressesandwiches

Dünne Weißbrotscheiben, Butter, grob geschnittene Kresse, Salz

Die Schnittfläche eines nicht ganz frischen Weißbrotes buttern und eine dünne Scheibe abschneiden. Vorgang mehrmals wiederholen. Zwischen jeweils zwei gebutterte Scheiben grob gehackte Kresse legen, salzen und festdrücken. In kleine Quadrate schneiden.

Joghurt-Kresse-Salat

¼ l Joghurt, 1 Eigelb, 1 Teel. Senf, Salz und Pfeffer, Gartenkresse

Joghurt mit Eigelb und Senf gut verquirlen. Mit Salz und Pfeffer abschmecken. Kresse unterheben.

Kresse-Eier

4 hartgekochte Eier, 1 Glas Salatcreme, 1 Teel. Currypulver, 4 Eßl. grob gehackte Kresse

Eier halbieren und das Eigelb vorsichtig mit der Gabel zerdrücken. Salatcreme unterrühren. Currypulver zugeben und gut vermischen. Die Hälfte der grob gehackten Kresse behutsam unterheben. Die ausgehöhlten Eihälften damit füllen und mit der restlichen Kresse garnieren.

Gewürznelke

Syzygium aromaticum (Nägelein, Gewürznägelein, Nelkenkopf)

Familie: Myrtengewächse
Herkunft: Molukken
Verbreitung: Sansibar und Pemba (Tansania), Madagaskar, Penang (Malaysia), Java (Indonesien), Sri Lanka u. a.
Aussehen: Der immergrüne bis zu 12 m hohe Gewürznelkenbaum hat ganzrandige, glatte, lederartige eiförmige Blätter und Blütenrispen aus rot-weiß gefärbten kleinen Blüten. Der Baum blüht zweimal im Jahr
Zum Würzen verwendete Teile: die getrockneten Blütenknospen
Geruch: sehr intensiv
Geschmack: brennend würzig
Inhaltsstoffe: ätherisches Öl, fettes Öl, Gerbstoff
Verwendung: Fruchtsuppen, Weihnachtsgebäck, Kompott, Glühwein, Biersoße, Wildragouts, Kaßlerbraten, Sauerbraten, Rotkohl, eingelegtes Obst, Gemüse, Kürbis, Chutneys
Verträgt sich mit: Piment, Lorbeerblatt, Zimt, Zwiebel, Kardamon, Knoblauch, Pfeffer; weniger gut mit intensiven Kräutern. Eine mit Nelken und Lorbeerblatt gespickte Zwiebel gilt als klassische Würze von Fleischbrühen
Anbau: Wächst in den Tropen
Anmerkung: Nelkenöl wird in der Zahnmedizin, in der Parfüm- und Kosmetikindustrie sowie bei der Likörherstellung verwendet. Man braucht es auch in der Porzellanmalerei

Zu beachten: Nelken werden sparsam verwendet. Ein, zwei Nelken reichen in der europäischen Küche für vier Personen. Als ganze Frucht ist sie zwei Jahre haltbar, in Pulverform verliert sie schnell an Aroma.

Geschichtliches: Inder und Chinesen haben die Nelke lange vor unserer Zeitrechnung verwendet. Im alten China durfte sich ein Untertan dem Kaiser nur nähern, wenn er eine Nelke im Mund kaute, um schlechtem Mundgeruch vorzubeugen. Die Römer würzten ihre Speisen auf vielfältige Art mit Nelken, wie aus dem Kochbuch des Apicius hervorgeht. Im Mittelalter versahen Hochgestellte nahezu alle Speisen mit Nelken, auch Branntwein und Bier. Heilkundige empfahlen das Nelkenpulver bei Magenverstimmung und zur Stärkung des Darmes. Auf den Kopf gestreut, sollte es kalte Füße erwärmen. In den Märchen aus Tausendundeiner Nacht ist oft von der Gewürznelke die Rede: »Wir reisten von Insel zu Insel, bis wir an eine große Stadt kamen. Ich vertauschte meine Kokosnüsse gegen Nelken und Pfeffer und sah mir den Pfefferbaum an«, heißt es in der Geschichte von Sindbad, dem Seefahrer.

Pfeffernüsse
200 g Butter, ½ Tasse süße Sahne, 8 g Pottasche, 8 bis 10 fein zerstoßene Nelken, 625 g gesiebtes Mehl, 200 g Zuckerrübensirup, 375 g Zucker, 125 g geschälte und gemahlene Mandeln, Abgeriebenes einer Zitrone, Mandeln zum Garnieren
Butter schaumig rühren. Pottasche in der Sahne auflösen. Alle übrigen Zutaten dazufügen und zu einem geschmeidigen Teig verarbeiten. Teig dünn ausrollen, Herzen und Sterne ausstechen. Mit halben geschälten Mandeln garnieren und bei Mittelhitze (190–220 °C) etwa 10 Minuten lang backen (nicht zu dunkel werden lassen).

Ingwer

Zingiber officinale (Schnapswurzel, Immerwurzel, Imber, Ingber)

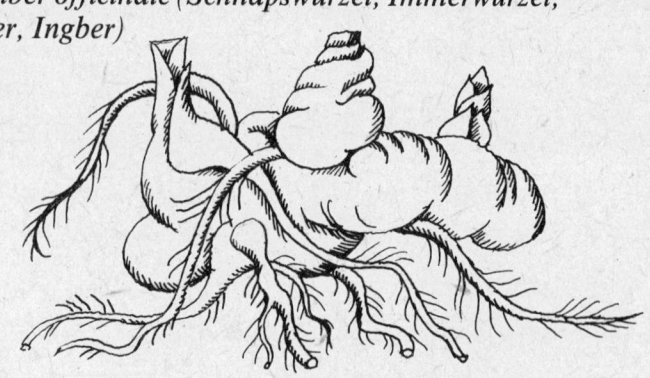

Familie: Ingwergewächse
Herkunft: Südasien
Verbreitung: China, Vietnam, Japan, Afrika, Westindien
Aussehen: Die mehrjährige Pflanze wird bis zu 1 m hoch, hat schilfähnliche Blätter und lange Blütenstände. Die orangegelbe Krone ist in mehrere Lappen gegliedert. Ihre fleischigen, daumendicken hellbraunen Wurzelstöcke sind geweihartig verzweigt
Zum Würzen verwendete Teile: die Wurzel, kandiert oder gemahlen
Geruch: mild würzig
Geschmack: prickelnd scharf
Inhaltsstoffe: ätherisches Öl. Oleoresin bestimmt die Schärfe
Verwendung: Obstsalat, Apfelkompott, Birnenkompott, Möhrensalat, Gurkensalat, Bratäpfel, gebackene Bananen, Cremespeisen, Honigkuchen, Plätzchen, Apfelkuchen, Reissalat, Currygerichte, Ragouts, Geflügelgerichte, Käsesalat, Schlagsahne für Obstkuchen, Geflügelfüllungen, Fischmarinaden, Wildmarinaden, Chutneys, süßsauer eingelegter Kürbis, Getränke
Verträgt sich mit: Nelke, Zimt, Muskatnuß (für süße Speisen); Piment, Nelke, Zimt, Paprika (für Salziges)
Anbau: Ingwer gedeiht in den Tropen. Er wird durch Wurzelstecklinge vermehrt. Wer ein Stück frische Ingwerwurzel geschenkt bekommt, kann sie in einen Blumentopf pflanzen. Sie bildet dort Blattgrün, das man auch zum Würzen verwenden kann
Anmerkung: Ingwer gilt als appetitanregend, schweißtreibend und magenfreundlich

Zu beachten: Ingwer ist ein sehr intensives Gewürz, daher Vorsicht bei der Dosierung. Die im Handel erhältlichen getrockneten Ingwerwurzeln können wir in einer ausrangierten Schlagmühle zu Pulver mahlen. In einem fest verschlossenen Behältnis aufbewahren. Der in Zuckersirup eingelegte Ingwer soll möglichst nicht mitkochen.

Geschichtliches: Ingwer ist vermutlich schon um die Zeitenwende aus seiner tropischen Heimat Indien durch die arabischen Händler nach Europa gelangt. Im späten Mittelalter war Ingwer so beliebt, daß Baseler Gewürzhändler ihre Straße danach tauften.

Ingwerplätzchen

250 g Mehl, 150 g Margarine, 120 g Zucker, 1 gehäufter Teel. (oder mehr) Ingwerpulver, 60 g Rübensirup, 60 g Zuckersirup

Mehl in eine Schüssel sieben. Margarineflöckchen und die übrigen Zutaten zugeben und so lange kneten, bis der Teig einheitlich gefärbt ist. Auf einem mit Mehl bestreuten Brett ausrollen, je nach Wunsch mit verschiedenen Formen ausstechen und bei mittlerer Hitze (190–220 °C) etwa 20 Minuten lang backen.

Ingwerpralinen

100 g China-Ingwer in Zuckersirup, 1 Tafel bittere Schokolade, 1 Teel. Sahne, ½ Eigelb, ½ Eßl. Weinbrand

Die nußgroßen Ingwerstücke vierteln oder in schmale Streifen schneiden. Schokolade in eine Schüssel brechen und im Wasserbad zum Schmelzen bringen. Vom Feuer nehmen und mit Sahne und Eigelb cremig rühren. Zum Schluß Weinbrand unterrühren. Ingwerstücke auf ein Holzbrett legen und mit der warmen Schokoladenmasse überziehen. Fest werden lassen.

Kapern

Capparis spinosa

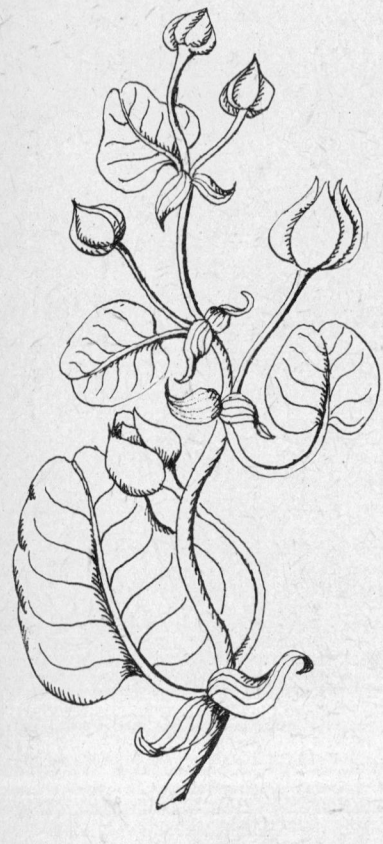

Familie: Kaperngewächse
Herkunft: Mittelmeerraum
Verbreitung: Südeuropa,
Zypern, Marokko
Aussehen: Der bis zu 1 m hohe
dornige, rankende Strauch hat
rutenartige Äste, gestielte,
runde bis rundlich-ovale
Blätter, weiße oder blaßrosa
langgestielte Blüten. Die
Früchte sind länglich
birnenförmige, beerenartige
Kapseln
Zum Würzen verwendete Teile:
die abgewelkten, in Essig, Salz,
Öl oder Wasser eingelegten
Blütenknospen
Geruch: würzig
Geschmack: herb würzig,
schwach bitter, etwas scharf
Inhaltsstoffe: Glykosid
Verwendung: Grüne Salate,
Reis- und Käsesalat,
Mayonnaisen,
Remouladensoße, Klopse,
Hühnerfrikassee, eingelegte
Gurken, gefüllte Eier,
Schinkenröllchen,
Heringssalat, Appetithappen,
Kräuterquark; zum Garnieren
Verträgt sich mit: Petersilie,
Schnittlauch, Pfeffer und
Paprika
Anbau: Kapernsträucher
wachsen wild auf den Felsen
der europäischen und
afrikanischen
Mittelmeerländer, werden dort
aber auch kultiviert

Zu beachten: Das pikante Aroma der Kapern geht beim Kochen nicht verloren. Die Blütenknospen der Kapuzinerkresse, des Besenginsters und der Sumpfdotterblume sind — in Salzwasser, Essig oder Öl eingelegt — seit alters Kapernersatz.

Geschichtliches: In der Antike hielt man die Kapern lange für gesundheitsschädigend. Die Kapern aus Libyen seien so scharf, daß sie das Zahnfleisch bis auf den Knochen auffräßen, behauptete Dioskurides, der im 1. Jh. u. Z. lebte. Galenus, geboren 129, Philosoph und Arzt aus Pergamon, glaubte sogar, die aus Arabien kommenden Kapern seien giftig. Der Kräutergelehrte Tabernaemontanus (1520—1590) gab an, mit einer Salbe aus Kapernöl, Hirschmark, Gänsefett, Ammoniak und Essig eine kranke Milz zu kurieren. Im Mittelalter wurden Blätter und Wurzeln vom Kapernstrauch gegen Ohrwürmer, Überbeine, harte Beulen und Warzen empfohlen.
»So man auf die Wurtzel beist, stillet sie das Zahnwehe«, sagte Lonicerus (1528—1586).

Kapernsoße
2 Eßl. Mehl, 4 Eßl. Wasser, reichlich ½ l Brühe, 2 dünne Zitronenscheiben, 1 Messerspitze Muskatblüte, 2 Eigelb, 1 Röhrchen Kapern, 60 g Butter, Salz und Pfeffer
Mehl mit Wasser glattrühren. Brühe, Zitronenscheiben und Muskatblüte zugeben und unter Rühren zum Kochen bringen. Topf vom Feuer nehmen und die gequirlten Eigelb unterrühren. Kapern und Butter zugeben. Mit Salz und Pfeffer abschmecken. Heiß werden lassen — aber nicht mehr kochen. Über gekochten Fisch oder über Fleischklößchen gießen und auftragen.

Kardamom

Elettaria cardamomum (Cardamom, Cardamömlein)

Familie: Ingwergewächse

Herkunft: Indien, Java

Verbreitung: Sri Lanka, Süd- und Vorderindien, Guatemala

Aussehen: Die ausdauernde 3 bis 4 m hohe Staude hat einen kriechenden Wurzelstock (Rhizom), lanzettliche Blätter und weiße Blüten. Diese sind in horizontalen Rispen angeordnet, die dem Stengel in Bodennähe entspringen. Die Früchte bilden dreifächerige Kapseln, die eine größere Anzahl von querrunzeligen Samen enthalten

Zum Würzen verwendete Teile: die grünlichgrauen bis gelblichgrünen Samen

Geruch: fein aromatisch, kampferähnlich

Geschmack: kräftig brennend, aber süßlich

Inhaltsstoffe: ätherisches Öl, fettes Öl, Harze

Verwendung: Obstsalat, Chicoréesalat, Milchreis, Milchsuppen, Fleischbrühen, Fischsuppen, Schlagsahne für Obstkuchen, Apfelkuchen, Quarkspeisen, Reisgerichte, Weihnachtsgebäck, Fischmarinaden, Mixed Pickles, Punsch, Tee, Kaffee. Bestandteil des Currypulvers und anderer Gewürzmischungen

Verträgt sich mit: Zimt, Muskat, Nelke, Piment

Anbau: Wird bei uns nicht angebaut

Anmerkungen: Gilt als magenstärkend und gesund. Kardamomöl wird in der Likörindustrie sowie zur Herstellung duftender Salben und Pomaden verwendet

Zu beachten: Kardamom ist ein sehr intensives Gewürz. Wir verwenden es mit Fingerspitzengefühl. Im Handel sind die ganzen, noch geschlossenen Fruchtkapseln sowie die ganzen oder gemahlenen Samen, Kardamomsaat genannt, erhältlich. In Reisgerichte und Suppen geben wir die ganzen Früchte, in feinere Speisen und Gebäck die Kardamomsaat. Die dünne Kapselhülse läßt sich durch leichten Druck mit den Fingern aufbrechen.

Geschichtliches: Kardamom wurde bereits von den alten Griechen und den Römern aus Indien eingeführt. Sie benutzten ihn vorwiegend als Heilmittel. Die Kreuzritter brachten von ihren Raubzügen Kardamom mit nach Europa. Im Jahre 1259 wird er erstmals in Köln erwähnt. »Cardamömlein«, mit Honig vermengt, war nach Meinung eines alten Kräutergelehrten nicht nur schmackhaft, sondern gut gegen blaue Flecke. In Indien ist es seit Jahrhunderten Brauch, mit Gewürzen gefüllte Blätter des Betelpfeffers zu kauen. Dazu gehört auch Kardamom. Mit dem Betelkauen vertreibt man sich die Zeit und verzichtet dabei oft auf das Rauchen. Es hat eine berauschende Wirkung. Viele Araber trinken gern mit Kardamom gewürzten starken schwarzen Kaffee.

Gebackene Kardamombirnen

500 g saftige Birnen, 2 Eßl. Zucker, 3 Eßl. Wein, 1 Teel. zerstoßene Kardamomsamen, Schlagsahne

Birnen schälen, vierteln und entkernen. In eine flache feuerfeste Form legen. Mit Zucker bestreuen. Wein zugießen und die zerstoßenen Kardamomsamen darüber verteilen. Birnen im Backofen bei mittlerer Hitze (190—220 °C) weich backen. Abkühlen lassen und mit wenig geschlagener Sahne servieren.

Knoblauch

Allium sativum (Stinkzwiebel, Knofel, Magenwurzel)

zahlreiche Nebenzwiebeln (Zehen), die von Häuten umgeben und durch diese miteinander verbunden sind

Zum Würzen verwendete Teile: die Knoblauchzehen

Geruch: eigenartig scharf, durchdringend

Geschmack: schwach brennend, typisch knoblauchartig, süßlich

Inhaltsstoffe: ätherisches Öl, Allicin, Vitamin A, B_1 und C

Verwendung: Salatsoßen, Knoblauchsoße, Tomatensoße, Knoblauchsuppe, Gemüsesuppen, Blattsalate, Tomatensalat, Fisch- und Fleischsalat, Hammel-, Rind-, Kalb- und Schweinefleischgerichte, Schaschlik, Hühnchen, Paprikaschoten, Auberginen, Zwiebeln, Quark, Hülsenfrüchte

Verträgt sich mit: allen kräftigen Kräutern

Familie: Liliengewächse

Herkunft: Westasien

Verbreitung: In der ganzen Welt

Aussehen: Die bis zu 60 cm hohe Pflanze hat flache lineale Blätter und blüht in kugelrunden roten Scheindolden, aus denen sich zahlreiche bis zu 1 cm große Brutzwiebeln entwickeln. Die Knoblauchzwiebel bildet

Anbau: Ausgesuchte große Knoblauchzehen werden im Herbst oder Frühjahr einzeln in die Erde gesteckt. Wenn die Grünteile eingetrocknet sind, kann man die Zwiebeln ernten und kühl aufbewahren

Anmerkung: Regt die Verdauung, den Stoffwechsel und den Kreislauf an. Wirkt als »Darmbesen«

Zu beachten: Wer mit Knoblauch richtig umgeht, braucht sich vor seinem »Duft« nicht zu fürchten. Oft genügt eine winzige Gabe, um den Geschmack vieler Speisen abzurunden. Roher Knoblauch wird so fein wie möglich zerdrückt, entweder mit der Knoblauchquetsche oder mit Hilfe einer Gabel und etwas Salz. Man kann ihn auch in feine Scheiben schneiden und in Öl goldgelb andünsten, er darf nicht dunkelbraun oder gar schwarz werden. Im Handel gibt es auch Knoblauchsalz und Knoblauchpulver.

Geschichtliches: In Altägypten gehörten Knoblauch und andere Zwiebelarten zum täglichen Brot. Knoblauch wird seit alters von den einen geliebt und von den anderen verabscheut. Der griechische Mathematiker und Philosoph Pythagoras (um 580—496 v. u. Z.) hielt ihn für den König der Gewürze.

Koreanische Knoblauchsoße — Jam Jung Djang
2 Knoblauchzehen, 1 kleine Flasche Erwa-Speisewürze (oder die entsprechende Menge Sojasoße), 2 Eßl. Schnittlauch, 2 Eßl. Petersilie
Knoblauchzehen schälen, fein zerdrücken und mit den übrigen Zutaten vermischen. Diese Soße schmeckt gut zu kaltem Fleisch, Reisgerichten oder zu gefüllten Eierkuchen.

Knoblauchbrot
4 bis 5 Knoblauchzehen, ½ Teel. Salz, 125 g weiche Butter, Weißbrotscheiben
Knoblauch schälen, mit Salz bestreuen und fein zerdrücken. Weiche Butter sahnig rühren. Knoblauch daruntermischen. 1 cm dicke Weißbrotscheiben damit bestreichen und im Grill oder im Backofen bei mittlerer Hitze goldgelb backen. Wir können unter die Knoblauchbutter auch Kräuter mischen und diese zu gegrilltem Fisch oder Fleisch auftischen.

Koriander

Coriandrum sativum (Wanzenkraut, Schwindelkörner, Hochzeitskügelchen)

Familie: Doldengewächse
Herkunft: Östlicher Mittelmeerraum, Kaukasus
Verbreitung: Marokko, Südeuropa, Süden der UdSSR, Indien
Aussehen: Die einjährige Pflanze hat einen 50 bis 70 cm hohen gerillten, im oberen Teil verzweigten Stengel, langstielige fiederteilige Blätter und weißliche bis zartrosa Blütendolden
Zum Würzen verwendete Teile: die kugelförmigen Früchte. In vielen Ländern, zum Beispiel in den Sowjetrepubliken Armenien und Georgien sowie in China, auch die frischen Blätter
Geruch: angenehm würzig
Geschmack: würzig, salbeiähnlich
Inhaltsstoffe: ätherisches Öl
Verwendung: Weihnachtsgebäck, Brot, Soßen, Milchsuppe, Salate, rote Bete, Kohlgerichte, Reis- und Eiergerichte, gebratener Fisch, Hammelbraten, Fischmarinaden, gebackene Äpfel, Bratäpfel, Hackfleisch
Verträgt sich mit: Anis, Basilikum, Fenchel, Kresse, Piment, Bohnenkraut, Muskat, Zimt, Pfeffer, Nelken, Zwiebel und Knoblauch
Anbau: Koriander liebt gut bearbeiteten Boden und im Jugendstadium viel Feuchtigkeit. Die Aussaat erfolgt nach Beendigung der Frostgefahr. Alle 14 Tage ist eine Folgesaat ratsam. Sobald die Pflanzen Blätter bilden, kann das frische Grün abgeschnitten werden. Für die Ernte der Früchte läßt man die Pflanzen ausreifen. Man kann Koriander auch im Blumentopf am Fenster oder im Kasten auf dem Balkon ziehen
Anmerkung: Koriander wirkt appetitanregend, verdauungsfördernd und windtreibend

Zu beachten: Die oberirdischen Teile des Korianders riechen eigenartig. Erst bei den reifen Spaltfrüchten verliert sich dieser Geruch; sie nehmen einen milden aromatischen Duft an. Die zarten grünen Blätter werden trotzdem vielerorts wie Petersilie, jedoch bedeutend sparsamer als diese verwendet.

Geschichtliches: Wie wir aus Papyri wissen, war Koriander schon bei den alten Ägyptern beliebt. Die Griechen und Römer schätzten ihn nicht nur als Gewürz und als Zusatz zu Wein, sondern auch als Heilmittel gegen allerlei Krankheiten. Im Mittelalter verwendete man Koriander gern zum Brotbacken, zum Konservieren von Fleisch und um Geräuchertes würziger zu machen. Der Kräutergelehrte Tabernaemontanus (1520–1590) glaubte, Koriander könne die Menschen vor Pest und Cholera behüten und ihr Herz stärken. Überzuckerte Korianderfrüchte waren beliebtes Konfekt, das bei Karnevalsumzügen unter die Zuschauer geworfen wurde.

Koriander-Apfel-Auflauf

500 g saure Äpfel, 1 bis 2 Eßl. Zucker, 1 Teel. Zimtpulver, 200 g Mehl, 50 g Zucker, 100 g Butter, 1 Teel. zerdrückte Korianderfrüchte

Äpfel schälen, vierteln und entkernen und eine feuerfeste, gut ausgefettete Form damit auslegen. Äpfel mit 1 Eßlöffel Zucker und dem Zimt bestreuen. Mehl, Zucker und Butterflöckchen mit den Fingerspitzen zu Krümeln kneten und über die Äpfel streuen. Die zerstoßenen Korianderfrüchte darüberstreuen, etwas eindrücken und den Auflauf im Backofen bei Mittelhitze (190–220 °C) etwa 30 Minuten lang backen. Warm oder kalt mit Schlagsahne oder Vanillesoße servieren.

Kümmel

Carum carvi (Feldkümmel, Wiesenkümmel, Kümmich, Fischkümmel)

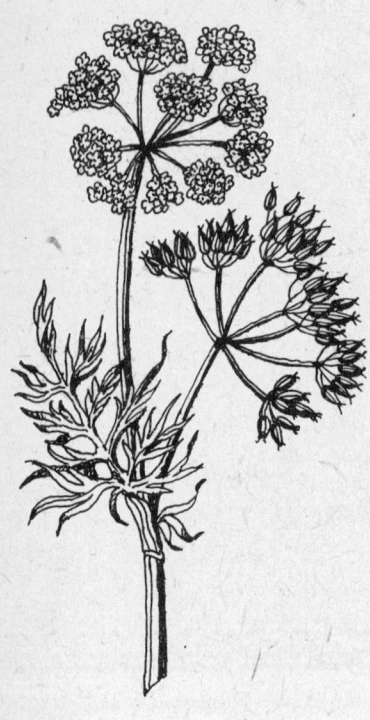

Familie: Doldengewächse
Herkunft: Eurasien
Verbreitung: Nord- und Mitteleuropa, UdSSR, Marokko, USA
Aussehen: Die zwei- bis mehrjährige Pflanze entwickelt im ersten Jahr eine Blattrosette, im zweiten Jahr einen bis zu 1 m hohen Stengel mit möhrenartig gefiederten Blättern und unscheinbaren weißen oder rötlichen Blütendolden. Die Spaltfrüchte zerfallen in sichelförmig gebogene Teilfrüchte
Zum Würzen verwendete Teile: die dunkelbraunen Teilfrüchte
Geruch: arteigen, kümmelartig
Geschmack: würzig, leicht süßlich, anisartig
Inhaltsstoffe: ätherisches Öl, fettes Öl
Verwendung: Brot, Brötchen, Salzgebäck, Schweine- und Hammelbraten, Quark, Sauerkraut, Kohl, rote Bete, Käse
Verträgt sich mit: schwarzem und weißem Pfeffer, Chili, Basilikum, Gewürzpaprika
Anbau: Kümmel liebt einen gut bearbeiteten Boden, damit sich die Pfahlwurzel gut entwickeln kann. Die Aussaat erfolgt bis Ende Mai. Im ersten Jahr muß mehrmals gehackt werden. Im zweiten Jahr blüht die Pflanze von Mai bis Juni und reift im Juli. Die Früchte fallen leicht aus
Anmerkung: In der Industrie wird Kümmel zum Aromatisieren von Likören und Trinkbranntwein verwendet. Er wirkt verdauungsfördernd, magenstärkend und entblähend

Zu beachten: In heiße Speisen gehört Kümmel erst 10 Minuten vor dem Auftragen. Mahlen sollte man ihn stets erst unmittelbar vor dem Gebrauch, denn sein aromatisches Öl verflüchtigt sich sehr schnell. Die zarten Blättchen des Feldkümmels lassen sich als Salat oder für Suppe verwenden. Kümmelwurzeln werden in manchen Gegenden der Sowjetunion mariniert, mit Honig und Zucker gekocht oder mit in die Suppe gegeben.

Geschichtliches: Kümmel ist wohl das älteste europäische Gewürz. In Pfahlbauten aus der Zeit um 3 000 v. u. Z. wurden verkohlte Kümmelfrüchte gefunden. Im Mittelalter glaubte man, Kümmel schütze vor Zauberern und Hexen. Kräuterkundige lobten immer wieder seine gesundheitsfördernde Wirkung. Man sagte ihm appetitanregende, steinlösende, schmerzlindernde und windlösende Eigenschaften nach. Überzuckerte Samen, Kümmelwasser oder eingelegter Kümmel wurde Kranken als »Kümmelmedizin« verabreicht. Ein altes Sprichwort bezeugt die Beliebtheit des Gewürzes: »Bei Kümmelbrot und Kalmusstengel gedeiht der allerdümmste aller Bengel.«

Kümmelkohl

70 g Schmalz, 100 g Zwiebeln, ⅛ l Brühe oder Weißwein, 1 mittelgroßer Weißkohl, 6 Pimentkörner, 6 Nelken, 1 Lorbeerblatt, 1 Teel. Kümmel, 2 Eßl. Butter

Schmalz auslassen und die feingehackten Zwiebeln darin glasig dünsten. Brühe zugeben. Kohl putzen, achteln, den Strunk herausschneiden und mit Piment, Nelken und zerbrochenem Lorbeerblatt spicken. Kohl in den Zwiebelsud legen, Kümmel zugeben und den Kohl zugedeckt 20 Minuten bei kleiner Flamme garen. Mit ausgelassener Butter beträufeln.

Kurkuma

Curcuma longa (Gelbwurzel, Chinesische Wurzel, Indischer Safran)

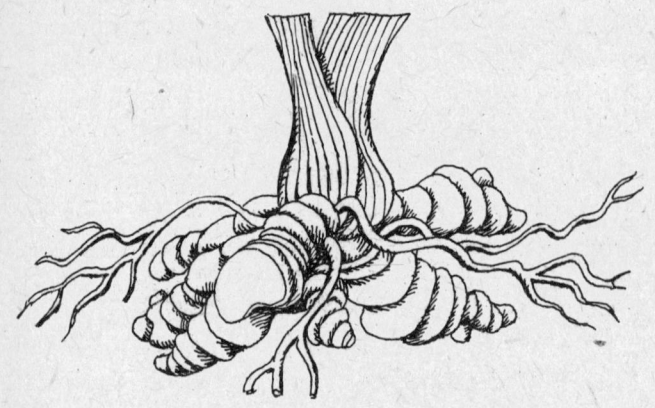

Familie: Ingwergewächse
Herkunft: Südasien
Verbreitung: China, Indien, Vietnam, Java, Sri Lanka
Aussehen: Die ausdauernde 2 bis 2,5 m hohe Pflanze hat große lanzettliche leuchtend grüne Blätter, gelbe Blüten und einen knolligen Wurzelstock
Zum Würzen verwendete Teile: die Wurzel
Geruch: angenehm aromatisch, ingwerähnlich
Geschmack: leicht brennend, ein wenig säuerlich, bitter, etwas ingwerähnlich
Inhaltsstoffe: ätherisches Öl, Bitterstoff, Harz und der lichtempfindliche Farbstoff Curcumin. Kurkumapulver ist gelb

Verwendung: Aufstriche, Senfsoßen, Fischsalate, Omeletts, scharfe Cremesoßen, Eierspeisen, Curry- und Reisgerichte, Geflügelragout, gegrilltes Fleisch
Verträgt sich mit: allen tropischen Gewürzen
Anbau: Entfällt in unseren Breiten
Anmerkung: Kurkumapulver ist wichtigster Bestandteil des Currypulvers und auch in anderen Gewürzmischungen, in Worcestersoße, Senf und Senfsoße enthalten. In der Industrie spielt es als Gewürz und Farbstoff eine Rolle. Der gelbe Farbstoff wird besonders in der UdSSR für Konditorwaren geschätzt

Zu beachten: Kurkuma wird oft mit dem aus der Krokusfamilie stammenden Safran verwechselt. Kurkuma ist jedoch als Gelbstoff nicht so beständig wie Safran. Letztgenannter wird auf dem Weltmarkt als teuerstes Gewürz gehandelt. Kurkumapulver ist lichtempfindlich und muß deshalb entsprechend aufbewahrt werden.

Geschichtliches: Kurkuma kam schon im Altertum aus Indien nach Europa. – Dioskurides begleitete im 1. Jh. u. Z. als Militärarzt die römischen Legionen auf ihren Feldzügen nach Afrika, Spanien und Gallien. Unterwegs studierte er viele fremde Drogen und Heilmethoden. Kurkuma beschreibt er als »eine Art Cypergras, ... dem Ingwer ähnlich. Streicht man es auf ein behaartes Muttermal, so gehen die Haare daselbst aus.« Arabische Händler sorgten für die weitere Verbreitung des Gewürzes. Ein englischer Augenzeuge notierte: »Die Wurzel wird hauptsächlich von Färbern, Handschuhmachern und Parfümeuren benutzt.«

Indisches Reisgericht – Kedgeree
1 Tasse gekochter körniger Reis, 400 g geräucherter Fisch, 100 g Butter, 1 Zwiebel, 1 Paprikafrucht, 2 Zehen Knoblauch, 2 Teel. Kurkumapulver, Saft einer Zitrone, ½ Teel. Ingwerpulver, Salz, frisch gemahlener Pfeffer, 2 hartgekochte Eier, 1 Teel. Petersilie
Reis in eine Schüssel geben, Räucherfisch in mundgerechten Stücken darübergeben, beiseite stellen. Butter auslassen und die feingehackte Zwiebel, die zerkleinerte Paprikafrucht und den zerdrückten Knoblauch darin etwa 2 Minuten weich dünsten. Kurkuma, Zitronensaft, Ingwer, Salz und Pfeffer zufügen. Reis-Fisch-Mischung behutsam unterheben, gut vermischen und das Ganze in eine feuerfeste gefettete Form geben. Im Backofen erhitzen. Mit den in Scheiben geschnittenen Eiern und der Petersilie garnieren.

Liebstöckel

Levisticum officinale (Maggikraut, Badekraut,
Leberstockwurzel, Lobstock, Gebärmutterwurzel)

Familie: Doldengewächse
Herkunft: Westliches Asien
Verbreitung: Mittel- und
Südeuropa, USA
Aussehen: Die ausdauernde bis
zu 2 m hohe Pflanze hat einen
runden, gestreiften Stengel,
dunkelgrüne gefiederte
glänzende Blätter und dicke
Dolden aus blaßgelblichen
Blüten
Zum Würzen verwendete Teile:
die frischen und getrockneten
Blätter, auch der Wurzelstock,
Samen und Stengel
Geruch: eigenartig würzig
Geschmack: kräftig würzig,
sellerieähnlich
Inhaltsstoffe: ätherisches Öl,
Harz-, Bitter- und Gerbstoffe
Verwendung: Salate,
Kräutersoßen, Gemüsesuppen,
Eintöpfe, Hammel- und
Hackfleisch, Rouladen,
Ragouts, Quark, Rührei,
eingelegte Gurken, Pilze, Brot,
Käsegebäck
Verträgt sich mit: Knoblauch,
Zwiebel, Majoran
Anbau: Liebstöckel liebt Sonne
bis Halbschatten, gut
gedüngten, tief gelockerten
feuchten Boden; er
beansprucht je Staude eine
Fläche von 50 cm mal 50 cm.
Eine bis zwei Stauden decken
den Bedarf einer Familie.
Liebstöckel läßt sich aus dem
Samen oder durch Teilung der
Stöcke vermehren
Anmerkung:
Liebstöckelwurzeln sind in
harntreibenden Tees enthalten.
Sie regen die Magensekretion
an und vertreiben Blähungen

Zu beachten: Liebstöckel ist ein sehr intensives Gewürz. Vorsicht beim Würzen, vor allem mit frischem Kraut. Es darf nicht vorschmecken. Beim Kochen entfaltet Liebstöckel sein Aroma nicht so stark, daher können wir ein bis zwei Stengel mitkochen. Liebstökkel läßt sich gut trocknen. Eingesalzen behält er sein Aroma noch besser. Getrocknete Blätter werden erst unmittelbar vor Gebrauch zerstoßen.

Geschichtliches: Die Benediktiner haben die aromatische Pflanze aus Südeuropa mit in die Länder nördlich der Alpen gebracht, wo sie sehr geschätzt wurde. Der Kräutergelehrte Lonicerus (1528–1586) empfahl das scharf würzige Kraut als Pfefferersatz. Tabernaemontanus (1520–1590) riet Reitern, die sich wundgeritten hatten, zu Liebstöckel zu greifen: »Die Blätter frisch gekäuet und mit demselben Saft den Arßwolff, so vom Reiten verursacht wird, offtermahls bestrichen, heilet denselben in kurzer Zeit.«

Grüne Frankfurter Soße

Je 2 Eßl. Borretsch, Gartenkresse, Kerbel, Petersilie, Pimpinelle, Schnittlauch, Sauerampfer und je 1 Teel. Liebstöckel, Estragon, Dill, Zitronenmelisse, Sellerieblatt, 1 kleine Zwiebel, 1 hartgekochtes Ei, 125 g Mayonnaise (oder Salatcreme), 2 Eßl. saure Sahne, 1 Teel. Senf, 1 Prise Zucker, Salz und Pfeffer, 2 Eßl. Zitronensaft. (Auf einige Kräuter läßt sich verzichten, aber sieben sollten es wenigstens sein!)

Kräuter sauber verlesen, waschen, trockentupfen, von den dicken Stengeln zupfen und mit dem Wiegemesser fein wiegen. Die fein gehackte Zwiebel und das grob gehackte Ei daruntermischen. Mayonnaise, saure Sahne und Senf glattrühren, dazugeben und gut vermischen. Mit Zucker, Salz, Pfeffer und Zitronensaft abschmecken. Zu gekochtem Rindfleisch, zu weichen Eiern, Pellkartoffeln, Fisch oder Sülze servieren.

Lorbeer

Laurus nobilis (Suppenblätter, Lorbeerblätter)

Familie: Lorbeergewächse
Herkunft: Mittelmeerraum, Kleinasien
Verbreitung: Südeuropa, Türkei, USA
Aussehen: Der kräftige immergrüne Strauch beziehungsweise der bis zu 10 m hohe Baum hat leicht gewellte lanzettliche bis eiförmige Blätter, kleine weiße bis gelbe Blüten und schwarzblaue bis schwarzbraune Steinfrüchte, die wie Oliven aussehen
Zum Würzen verwendete Teile: die getrockneten Blätter, aber auch die Früchte
Geruch: arteigen aromatisch
Geschmack: würzig bitter
Inhaltsstoffe: ätherisches Öl, Gerbstoff
Verwendung: Fleischbrühe, Fischsuppe, Gemüseeintöpfe, Kochfleisch und -fisch, Schmorgerichte, Wildmarinaden, Rot- und Weißkohl, Möhren, Erbsenpüree, rote Bete, Sülze, Heringe, eingelegte Gurken, Pilze und Gemüse; zum Garnieren von Pasteten
Verträgt sich mit: allen Gewürzen für salzige Speisen. Bestandteil des französischen Kräutersträußchens Bouquet garni (siehe Gewürzmischungen, Seite 38)
Anbau: Entfällt in unseren Breitengraden. Fachleute ziehen in Holzkübeln kleine Lorbeerbäume aus dem Samen und benutzen diese zum Ausschmücken von Gesellschaftsräumen
Anmerkung: Gemahlene Lorbeeren sind Bestandteil einiger Gewürzmischungen. Aus den kugeligen Früchten wird auch Lorbeeröl gewonnen

86

Zu beachten: Lorbeerblatt gehört zu den intensiven Gewürzen. Es entfaltet sein Aroma erst langsam. Deshalb kochen wir es mit. Ein bis zwei Blätter reichen für vier Personen. Besser ist es, zwei bis vier Blätter zu verwenden und sie nach der halben Einwirkungszeit aus der kochenden Speise zu entfernen, weil sie diese sonst bitter machen können. Bei Soßen und Marinaden fügen wir das Lorbeerblatt 10 Minuten vor dem Servieren zu, bei allen übrigen Gerichten 5 Minuten vorher. Lorbeerblatt hält sich etwa ein halbes Jahr im Gewürzregal. Verwelkte (rote) Blätter enthalten kein ätherisches Öl mehr.

Geschichtliches: In der Antike hat man den Lorbeerbaum verehrt. Wenn Sieger Olympischer Spiele, erfolgreiche Feldherren, Sänger oder Dichter eine Stadt betraten, wurden sie mit Lorbeerkränzen geschmückt. Wie wir aus dem Kochbuch des reichen Römers Apicius wissen, hat das die Feinschmecker jedoch nicht daran gehindert, ihre Speisen auch mit Lorbeerblatt zu würzen. Im Mittelalter galt Lorbeer vor allem als Heilmittel bei Magen- und Nierenerkrankungen. Lorbeerwein empfahlen Kräuterexperten zum Einreiben schmerzender Stellen.

Reis-und-Sirup-Pudding
2 gestrichene Eßl. Reis, 1 Eßl. Zuckersirup, ½ l Milch (plus 2 Eßl. Milch), Butterflöckchen, 2 Lorbeerblätter
Reis und Sirup in einer feuerfesten Form vermischen. Nach und nach Milch unterrühren. Mit Butterflöckchen und den zerbrochenen Lorbeerblättern belegen. Im Backofen bei schwacher Hitze (120−140 °C) etwa 1½ Stunden backen. Warm oder kalt mit Milch oder Sahne servieren.

Majoran

Majorana hortensis (Blutwürze, Wurstkraut, Gartendost, Mairam, Kuttelkraut, Maiwürzkraut)

unscheinbare weiße, blaßlila oder rosa Blüten. Bei uns überwintert Majoran selten. In wärmeren Ländern ist er mehrjährig

Zum Würzen verwendete Teile: die frischen oder getrockneten Blätter

Geruch: arteigen aromatisch

Geschmack: kräftig, schwach brennend

Inhaltsstoffe: ätherisches Öl, Gerbstoff, Bitterstoff

Verwendung: Tomaten-, Kartoffel-, Hülsenfruchtsuppe, Kräutersoße, Sahnensoße, grüner Salat, Ragouts, Fleischfüllungen, Schweine-, Enten-, Gänsebraten, Leber, Schmalztopf, Pizzas, Spaghetti, Tomaten, Zwiebel, Käsegerichte

Verträgt sich mit: Thymian, Basilikum, Rosmarin

Anbau: Liebt gut gedüngten humusreichen Boden. Wird im März dünn ins Frühbeet oder im Zimmer in Töpfe ausgesät und Mitte Mai (in Bündeln von drei bis vier Pflanzen) im Abstand von 25 cm ins Freie gepflanzt. Majoran gedeiht auch im Blumentopf am Fenster oder auf dem Balkon

Anmerkung: Majoran fördert die Verdauung und lindert Husten

Familie: Lippenblütengewächse

Herkunft: Osteuropa, Vorderasien

Verbreitung: Europa, südliche UdSSR, Türkei, Mexiko, Chile, USA, Argentinien

Aussehen: Die buschige, bei uns zumeist nur einjährige bis zu 50 cm hohe Pflanze hat verästelte, filzig behaarte Stengel, kleine graugrüne behaarte Blätter und

Zu beachten: Majoran ist besonders aromatisch, wenn er Knospen trägt. Im getrockneten Zustand büßt er wenig an Würzkraft ein. Gut verschlossen, hält er sich ein Jahr. Frischer Majoran wird in der Regel nicht mitgekocht.

Geschichtliches: Majoran war schon im Altertum ein beliebtes Fleischgewürz. Später sagten ihm Kräuterkundige sehr viele verschiedene Heilwirkungen nach; angeblich sollte er die verlorene Sprache wiederbringen, verrenkte Glieder einrenken, geronnenes Blut zerteilen, dunkle Ringe unter den Augen verschwinden lassen und andere Wunder vollbringen.

Kräuterkohl

½ Weißkohl, 2 Eßl. Butter, ½ Tasse Wasser, 1 Teel. gehackter Dill, 1 Teel. frisches Basilikum (oder ½ Teel. getrocknetes), 1 Teel. (getrockneter) Majoran, ¾ Tasse Joghurt

Kohl putzen, Strunk entfernen, fein raspeln oder schneiden. Butter auslassen und den Kohl unter Umrühren 3 Minuten darin braten. Wasser und die Kräuter zufügen. Alles gut vermischen und den Kohl bei kleiner Flamme 3 Minuten garen. Joghurt unterrühren und heiß servieren.

Weiße Bohnen mit Majoran

1 Glas weiße Bohnen, 1 Eßl. Öl, 1 Zehe Knoblauch, 1 Lorbeerblatt, 1 Teel. Majoran, Salz, 1 Prise Chilipulver, Petersilie

Bauchfleisch aus dem Glas herausnehmen und in kleine Stücke schneiden. Bohnen im eigenen Saft erwärmen. Öl in der Pfanne erhitzen, Knoblauch, Lorbeerblatt und Majoran darin 2 Minuten dünsten. Mit den Bohnen und dem Bauchfleisch vermischen. Salz und Chilipulver zugeben und mit Petersilie garnieren. Falls die Bohnen zu dick sind, etwas kochendes Wasser unterrühren.

Meerrettich

Armoracia rusticana (Kren, Krien, Marak, Beißwurzel, Bauernsenf, Rachenputzer, Fleischerkraut

Familie: Kreuzblütengewächse
Herkunft: Südosteuropa, Westasien
Verbreitung: Europa, wächst auch wild
Aussehen: Die ausdauernde bis zu 1,20 m hohe Pflanze hat eine fleischige, mehrköpfige Hauptwurzel mit einer Blattrosette aus langen Blättern und weißen Blüten

Zum Würzen verwendete Teile: die Wurzel und die zarten Blätter
Geruch: scharf, reizt zu Tränen
Geschmack: prickelnd, brennend scharf, senfähnlich
Inhaltsstoffe: Allyl- oder Butylsenföl u. a.
Verwendung: Salatsoßen, Meerrettichsoßen, gefüllte Eier, kurzgebratenes Fleisch, gefüllte Schinkenröllchen, Meerrettich-Sahne, Meerrettich-Mayonnaise, Quark, eingelegte Heringe und Gurken, Essigbirnen, Gemüsesäfte
Verträgt sich mit: Pfeffer, Senfkörnern, Paprika, Zitronensaft, Zucker
Anbau: Liebt tiefgründigen Boden aus Lehm und Sand. Er wird ausschließlich durch Wurzelstecklinge (etwa 1 cm dick und 30 cm lang) vermehrt. Meerrettich breitet sich im Garten schnell aus. Schon nach etwa einem Jahr können wir ernten
Anmerkung: Als Breiauflage hilft Meerrettich, Gicht und Rheuma zu lindern. In der Volksheilkunde wird er auch als Mittel gegen Leber- und Gallenleiden empfohlen

Zu beachten: Um allzu viele Tränen zu vermeiden, reibt man den Meerrettich — wenn möglich — am offenen Fenster. Damit sich der Abrieb nicht verfärbt, beträufelt man ihn mit etwas Zitronensaft. Geriebener Meerrettich wird nicht mehr aufgekocht. Ganze Meerrettichstücke für das Einlegen von Gurken können kurz mit aufgekocht werden. Meerrettich läßt sich einfrieren. Er wird gerieben und mit einer dünnen Salzschicht bestreut, in einem entsprechenden Behälter oder in Alufolie im Gefrierfach aufbewahrt.

Geschichtliches: »Die Teutschen pflegen die Wurtzeln bey dem Fleisch zu kochen, brauchens auch mit Eßig angemacht zu einer Salsen (= Soße) zum Fleisch, denn es bringt Lust zu essen«, so heißt es in Tabernaemontanus' Kräuterbuch. Der Name Meerrettich ist übrigens nicht von dem Wort Meer abgeleitet, sondern von Mähre = Pferd. Eigentlich müßte er Pferderettich oder Mährrettich heißen.

Meerrettichsoße

4 Eßl. geriebener Meerrettich, 1 Teel. Gewürzpaprika, 2 Teel. Senf, 2 Teel. Weinessig, 4 Eßl. Vollmilchjoghurt oder Sahne
Meerrettich, Paprika, Senf und Weinessig gut vermischen. Den Joghurt unterrühren. Zu kaltem Fleisch oder kaltem, kurz gedünstetem Gemüse servieren.

Apfelmeerrettich

2 Eßl. heller Weinessig, 300 g Äpfel, 1 Eßl. Zucker, 1 Prise Salz, etwa 1½ Eßl. geriebener Meerrettich
Essig in eine Schale gießen. Äpfel schälen, entkernen und gleich in den Essig reiben. Sofort mit Zucker und Salz bestreuen und den Meerrettich unterrühren. Schmeckt zu gekochtem Rindfleisch und gegrilltem Fisch besonders gut. Wir können auch ein wenig geschlagene Sahne unterrühren.

Muskatblüte

Myristica fragens (Macis, Macisblüte)

Familie: Muskatgewächse
Herkunft: Molukken
Verbreitung: Indonesien, Westindien
Aussehen: Die Muskatblüte, auch Macisblüte genannt, ist der getrocknete Samenmantel (nicht die Blüte) des Muskatnußbaumes (siehe auch Muskatnuß)
Zum Würzen verwendete Teile: die getrocknete Samenschale
Geruch: weihrauchartig
Geschmack: muskatnußähnlich, jedoch blumiger, feiner
Inhaltsstoffe: ätherisches Öl, Macisöl
Verwendung: Fleischbrühe, Gemüsesuppen, Lebkuchen, Weihnachtsgebäck, Reisgerichte, Quetschkartoffeln, Möhren, Spinat, Blumenkohl, Rosenkohl, Ragouts, Käsegerichte, Fondues, Kompotte, Pasteten, Grießklößchen
Verträgt sich mit: Zimt, Nelke, Piment, Ingwer
Anmerkung: Muskatblütenöl wird in der Konditorei, Medizin und Parfümerie sowie bei der Likörherstellung verwendet

*Zu beachten:*Muskatblüte hat ein sehr intensives Aroma. Die den Speisen in Stückchen zugefügte Muskatblüte wird vor dem Servieren herausgenommen. Im allgemeinen benutzen wir das Gewürz in gemahlenem Zustand, ein gelblich-rötlichbraunes Pulver. Es muß lichtgeschützt aufbewahrt werden.

Geschichtliches: Die Muskatblüte gehörte im Mittelalter neben Muskatnuß, Pfeffer und Zimt zu den teuersten Gewürzen. Laut Preisangabe aus dem Jahre 1284 kostete ein Pfund Muskatblüte das gleiche wie drei Schafe oder ein halbes Kalb. Heilkundige sagten der Muskatblüte ähnliche Wirkungsweisen nach wie der Muskatnuß. Beide Gewürze empfahlen sie vor allem gegen Magen- und Verdauungsbeschwerden. Aus Honigwasser gegorener Met wurde im würzfreudigen Mittelalter mit Muskatnuß und -blüte, Hopfen, Zimt, Ingwer, Pfeffer und anderem gewürzt. »Das allerneueste Pariser Kochbuch« bezeichnete im Jahre 1752 die Schokolade als »ein Compositum von Cacao, Vanille, Gewürznägelein, Zimmet, Macis und Zucker«.

Französischer Toast
2 Eier, ½ Teel. Salz, 1 Tasse Milch, 1 Eßl. Rum- oder Vanillearoma, 8 Scheiben Weißbrot, Zucker, gemahlene Muskatblüte, Johannisbeergelee, Zuckersirup oder Bienenhonig
Eier mit der Gabel leicht schlagen. Salz, Milch und das Rum- oder Vanillearoma zufügen. Weißbrotscheiben nacheinander in diese Mischung dippen. (Wir können das Weißbrot auch vorher kreisrund ausstechen.) Bratpfanne mit verstärktem Boden gut mit Fett einreiben und das Brot von beiden Seiten bräunen. Mit Zucker und gemahlener Muskatblüte bestreuen und mit Johannisbeergelee garnieren. Dazu können wir Zuckersirup oder Bienenhonig oder mit Nelken und Zimt gewürztes Apfelkompott servieren.

Muskatnuß

Myristica fragrans (Suppennuß, Bandanuß)

enthalten. Dieser wird beim Trocknen bräunlichgelb. Muskatnüsse sind eiförmig, haben eine netzartig-runzelige Oberfläche und sind von brauner Farbe

Zum Würzen verwendete Teile: die getrockneten Muskatnüsse. Sie werden in vielen Anbaugebieten in Kalkmilch getaucht, um sie vor Insekten zu schützen

Geruch: angenehm aromatisch

Geschmack: angenehm aromatisch

Inhaltsstoffe: ätherisches Öl, fettes Öl (Muskatbutter)

Verwendung: Suppen, Fleischbrühe, weißes Gemüse, Klöße, Eierspeisen, Gebäck, Getränke, Kompott, Konfitüre, Mixed Pickles

Verträgt sich mit: Pfeffer, Lorbeer, Petersilie, Suppengrün, Zwiebel, Knoblauch

Anbau: Entfällt in unseren Breiten

Anmerkung: Muskatnuß ist in exotischen Gewürzmischungen enthalten. Muskatbutter (aus minderwertigen Muskatnüssen gepreßt) wird in der pharmazeutischen und kosmetischen Industrie verwendet

Familie: Muskatgewächse

Herkunft: Molukken

Verbreitung: Indonesien, Westindien

Aussehen: Der immergrüne Muskatnußbaum, bis zu 16 m hoch, hat dunkelgrüne, lederartige kurzstielige Blätter, kleine gelbe Blüten und kugelförmige fleischige Früchte, die einen einzigen großen, von einer feinen roten Samenhaut umgebenen Samen

Zu beachten: Muskatnuß hat ein sehr intensives Aroma. Oft genügt ein Hauch, um eine Speise damit zu würzen. Vor Gebrauch wird es stets auf der Gewürzreibe frisch gerieben. Es ist ratsam, Muskatnuß nicht zusammen mit intensiv würzigen Kräutern zu verwenden. Muskatnüsse halten sich zwei bis drei Jahre.

Geschichtliches: Die Äbtissin des Klosters Ruppertsberg bei Bingen, Hildegard von Bingen (1098—1179), die als Kräuterkundige Aufsehen erregte, berichtet unter anderem auch von Bier, das man damals mit geriebener Muskatnuß würzte. Über die Herkunft und das Aussehen des »Muscatenbaums« gab es in Europa jahrhundertelang phantastische Vorstellungen, trotz eines ausführlichen Reiseberichts Fernão de Magalhães' nach dessen erster Weltumsegelung. Der Kräutergelehrte Albertus Magnus (1193—1280) war der erste, der den getrockneten Samenmantel für die Blüte des Muskatnußbaumes hielt. An diesem Irrtum hielt man lange Zeit fest. Tabernaemontanus verglich den Baum mit »einem Birnbaum« und die Frucht mit einem »Pfersich«.

Englischer Käsetoast — Welsh Rarebit
3 Eßl. Butter, 4 Eßl. Mehl, 1 Teel. Senf, 1 Tasse Milch, $\frac{1}{2}$ Tasse heiße Brühe, 250 g Reibkäse, Salz und Pfeffer, geröstete und gebutterte Toastscheiben, geriebene Muskatnuß
Butter im Topf auslassen. Mehl und Senf unterrühren. Milch nach und nach zufügen. Brühe unterrühren. Käse hinzufügen. Mit Salz und Pfeffer abschmekken. Unter Rühren so lange bei kleiner Flamme kochen, bis die Masse dicklich ist. Geröstete, noch heiße gebutterte Toastscheiben damit bestreichen und Muskatnuß darüberreiben. Sofort servieren.

Oregano

Origanum vulgare (Dost, Wilder Majoran, Ohr- oder Schusterkraut, Wohlgemut, Wintermajoran)

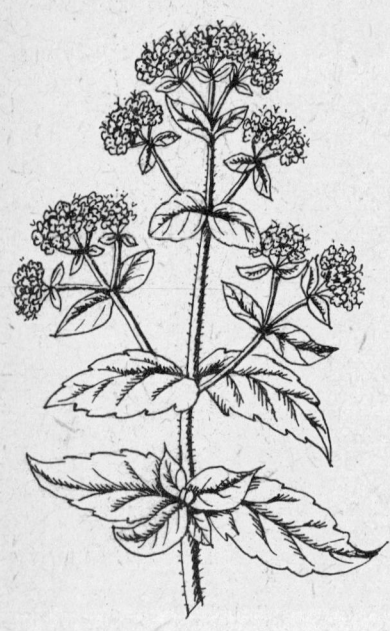

Zum Würzen verwendete Teile: die frischen und getrockneten Blätter

Geruch: feinduftig, angenehm würzig

Geschmack: scharf-würzig, bitter-herb

Inhaltsstoffe: Gerb- und Bitterstoffe, ätherisches Öl

Verwendung: Tomatensoße, Tomatengerichte, Auberginen, Paprika, Pilze, Schmorfleischgerichte, Fleischfüllungen, Suppen, Pizzas, Käse- und Spaghettigerichte

Verträgt sich mit: Thymian, Basilikum und Rosmarin

Anbau: Oregano ist anspruchslos. Er liebt trockenen kalkhaltigen Boden. Die Samen werden im zeitigen Frühjahr in Pflanzkästen ausgesät und, sobald es wärmer ist, ins Freie ausgepflanzt. Er kann auch durch Teilung der Stöcke vermehrt werden. Geerntet wird das knospige Kraut. Oregano ist zugleich eine beliebte Zierpflanze

Anmerkung: Oregano macht fette Speisen verdaulicher. Als Tee wirkt er krampflösend, desinfizierend im Darmbereich und schleimlösend

Familie: Lippenblütengewächse

Herkunft: Südeuropa, Asien

Verbreitung: Südeuropa, Asien, Mexiko. Wächst bei uns an Waldrändern, Gebüschen und Hügeln wild

Aussehen: Die ausdauernde bis zu 60 cm hohe Pflanze hat eiförmige, spitze durchscheinend punktierte gestielte Blätter und Blütenähren aus kleinen rosa Blüten

Zu beachten: Oregano ist sparsam zu verwenden. Das gilt vor allem für frische Blättchen. Die Würzkraft ist am stärksten, wenn die Pflanzen Knospen tragen. Oregano läßt sich gut trocknen.

Geschichtliches: Oregano spielte bereits bei unseren Vorfahren eine Rolle. Man hielt es für ein sicheres Mittel, um Mensch und Tier vor Krankheiten zu schützen. Junge Mädchen benutzten es in dem Glauben, die Liebe ihres Bräutigams zu gewinnen.

Pizza alla napolitana

Hefeteig von 400 g Mehl
Zum Belegen: 3 bis 4 Eßl. Tomatenmark, 8 Eßl. Öl, 150 g Reibkäse, 1 Teel. Oregano, 1 Teel. Salz, Sardellenfilets oder Sardellenpaste, Salamischeiben, Tomatenscheiben, Schnittkäse
Den ausgerollten, auf das Backblech gelegten Hefeteig mehrmals mit der Gabel einstechen und das Tomatenmark und 4 Eßl. Öl mit den Handflächen in den Teig gut eindrücken. Reibkäse, Oregano und Salz darüberstreuen. Mit Sardellenfilets, Tomaten- und Salamischeiben sowie schmalen Käsestreifen belegen. Mit dem restlichen Öl beträufeln und in den gut vorgeheizten Backofen auf die untere Schiene schieben. Bei mittlerer Hitze (190—220 °C) etwa 30 bis 40 Minuten goldgelb backen. Heiß servieren.

Oregano-Oliven

Oliven, 1 Tasse Sonnenblumenöl, $\frac{1}{2}$ Teel. Thymian, 1 Teel. zerdrückte Pfefferkörner, 2 Teel. Oregano
Die Oliven mehrfach einstechen und in ein Schraubglas legen. Sonnenblumenöl mit den Gewürzen mischen und darübergießen. Glas zuschrauben. Kräftig schütteln und zwei bis drei Tage in den Kühlschrank stellen. Auf Holzspieße stecken und möglichst mit Vollkornbrot und zwei bis drei Käsesorten servieren.

Paprika

Capsicum annuum (Indischer, Türkischer, Spanischer oder Ungarischer Pfeffer, Gewürzpaprika, Beißbeere, Piri-Piri)

Gemüsepaprika und dem kleinen schärferen Gewürzpaprika mit dünnfleischigen, lederartigen Schoten. Gewürzpaprika wird 20 bis 50 cm hoch, hat ganzrandige, gestielte, lanzettliche bis eiförmige Blätter und große weiße Blüten

Zum Würzen verwendete Teile: die reifen getrockneten Früchte: länglich-kegelförmige rote, rotbraune oder gelbliche Beeren, ganz oder gemahlen

Geruch: fein aromatisch

Geschmack: voll und fruchtig

Inhaltsstoffe: Schärfestoff Capsaicin, rote Farbstoffe, Vitamin C, Fettsäuren

Verwendung: Salate, Gulaschsuppe, Fischsuppen, Soßen, Paprikahuhn, Schmorfleisch, Hackfleisch, gebratener Fisch, Quark, Gemüsepaprika, Tomaten, Auberginen, Zwiebeln, Porree, Sauerkraut, Eier- und Käsegerichte, Risotto, Salzgebäck

Verträgt sich mit: Zwiebel, Knoblauch, Kümmel, Majoran

Anbau: Paprika wird aus dem Samen gezogen

Anmerkung: Paprika wirkt sich in vielfacher Hinsicht günstig auf unsere Gesundheit aus

Familie: Nachtschattengewächse

Herkunft: Südamerika

Verbreitung: Südamerika, Südeuropa, hauptsächlich Ungarn

Aussehen: Unter den zahlreichen Kulturformen der Paprikapflanze unterscheiden wir zwischen zwei Hauptarten: dem großen dickfleischigen

Zu beachten: Paprika darf nur dem mäßig heißen Fett beigegeben werden; darin löst sich das Pulver nahezu auf, was für die Würzwirkung günstig ist. In siedendem Fett karamelisiert der im Paprika enthaltene Zucker und beeinträchtigt Farbe und Geschmack. Daher ist es am besten, beim Anbraten von Fleisch Paprika erst am Schluß zuzufügen und danach möglichst gleich mit Flüssigkeit abzulöschen. Paprika gibt es in fünf Qualitätsstufen mit unterschiedlichen Schärfegraden.

Geschichtliches: Der ärztliche Begleiter von Christoph Kolumbus, Dr. Chanca, war der erste Europäer, der den milden Paprika in Augenschein nahm und beschrieb. Kolumbus brachte den scharfen Paprika mit nach Spanien, wo er zunächst nur in geringem Maße als Gewürz verwendet wurde. Erst Ende des 16. Jahrhunderts baute man ihn in Spanien gärtnerisch an. Von dort verbreitete er sich über weite Teile Europas.

Paprikasalat
1 bis 2 Äpfel, 1 Apfelsine, 1 grüne Gemüsepaprikafrucht, 1 Tasse Sellerie (gekocht und gewürfelt), 6 bis 10 Walnüsse, 1 bis 2 Teel. Edelsüßpaprika
Für die Soße: 1 Tasse Sahne, 1 Eßl. Zitronensaft, 1 Teel. Zucker, ½ Teel. Senf, Salz und frisch gemahlener Pfeffer
Äpfel und Apfelsine schälen, entkernen und in kleine Würfel schneiden. Kleingewürfelter Gemüsepaprika, Sellerie und grob gehackte Nüsse zugeben. Sahne in eine große Schüssel geben. Zitronensaft, Zucker und Senf unterrühren. Mit Salz und Pfeffer abschmecken. Diese Soße über die Salatzutaten gießen und gut vermischen. Auf frische Salatblätter geben und reichlich mit Edelsüßpaprika bestreuen.

Petersilie

Petroselinum crispum (Suppenwurzel, Peterling, Peterlein, Bittersilche, Krautel, Silk)

Familie: Doldengewächse
Herkunft: Südeuropa, vermutlich Sardinien
Verbreitung: Europa, USA. Wächst wild in Südeuropa
Aussehen: Die zweijährige Pflanze bildet im ersten Jahr eine Pfahlwurzel und eine niedrige Blattrosette, im zweiten Jahr einen bis zu 80 cm hohen Stengel, der grünlichgelbe, zu Doppeldolden zusammengefaßte Blüten trägt. Die Wurzelpetersilie hat glatte Blätter, wird vor allem ihrer kräftigen Wurzel wegen angebaut. Bei Blattpetersilie wird die krausblättrige Sorte bevorzugt.

Zum Würzen verwendete Teile: die Blätter, die Stengel und bei der Wurzelpetersilie die Wurzel
Geruch: feinaromatisch
Geschmack: schmeckt unaufdringlich
Inhaltsstoffe: ätherisches Öl, Glykosid, Apiin, Vitamine A, B und C
Verwendung: Salate, Suppen, Eintopfgerichte, Soßen, Mayonnaisen, Kräuterbutter, gegrilltes Fleisch, in Folie gegarte Fische, Schmorgerichte, Omeletts, Rührei, Gemüse, Kartoffelgerichte, Füllungen, Marinaden
Verträgt sich mit: Schnittlauch, Zwiebel und Thymian sowie anderen milden Kräutern
Anbau: Petersilie gedeiht in jedem humusreichen Gartenboden. Wir säen sie zwischen März und Mai ins Gartenbeet. Die Saat geht nach drei bis vier Wochen auf. Petersilie läßt sich auch im Blumentopf ziehen
Anmerkung: Das beliebte Kraut regt den Appetit und die Verdauung an und wirkt blutreinigend

Zu beachten: Glatte Petersilie ist würziger als krause. Beide Sorten büßen beim Kochen ihr Aroma völlig ein, daher kochen wir sie in der Regel nicht mit. Warme, mit Petersilie bestreute Speisen werden schnell sauer. Petersilie läßt sich gut einfrieren und auch einsalzen. Getrocknete Petersilie hat weniger Aroma.

Geschichtliches: Im alten Griechenland galt die Petersilie als heiliges Kraut. Bei Gastmahlen und Siegesfeiern trug man Petersilienkränze und schmückte auch die Eßräume damit aus. In der Küche wurde Petersilie nicht verwendet. Im Mittelalter, als viel Aberglauben unter den Menschen war, meinte man, das Samenkorn der Petersilie wandere siebenmal zum Teufel hin und zurück, bevor es anfange zu wachsen — und das auch nur, wenn es ein ehrenwerter Mann ausgesät hätte. Heute wissen wir es besser: Die Petersilie geht von allen Küchenkräutern am langsamsten auf.

Petersilienklößchen

50 g Mehl, 1 Prise Salz, 15 g Butter, 1 großes Ei, 1 Eßl. gehackte Petersilie

Mehl und Salz in eine Schüssel sieben. Butterflöckchen zufügen. Ei und gehackte Petersilie kräftig schlagen und zugeben. Alles zu einem geschmeidigen Teig verrühren. In einer breiten tiefen Bratpfanne oder in einem Kochtopf Salzwasser zum Kochen bringen und jeweils einen gefüllten Teelöffel voll Teig ins kochende Wasser gleiten lassen. Zugedeckt 10 Minuten kochen lassen. Klößchen nach 5 Minuten wenden. Mit der Schaumkelle herausnehmen, gut abtropfen lassen und in heißer Brühe oder mit Gulasch auftragen.

Pfeffer

Piper nigrum

Familie: Pfeffergewächse
Herkunft: Wahrscheinlich Malabarküste
Verbreitung: Malabarküste, Sri Lanka, Sumatra, Kalimantan, Java, Mittel- und Südamerika, Vietnam
Aussehen: Die Pfefferpflanze ist ein 3 bis 5 m hoher kletternder oder kriechender Strauch, der an Holzpfählen gezogen wird. Pfeffer hat ledrige, gräulichgrüne eiförmige Blätter, weißliche Blütenähren, kugelige Steinfrüchte und einen hartschaligen Samen. Die reifen Samen sind rot; sie färben sich später gelb
Zum Würzen verwendete Teile: die Früchte
Geruch: würzig-kräftig

Geschmack: beißend
Inhaltsstoffe: ätherisches Öl, Alkaloid, Piperin (für die Schärfe verantwortlich)
Verwendung: schwarzer Pfeffer: Dunkle Suppen, Bratensoßen, Salatsoßen, Salate, Kochfisch, Fischmarinaden, Pfeffersteak, Fleisch-, Geflügel- und Wildgerichte, Gemüse, Pfefferkuchen
weißer Pfeffer: Helle Suppen, Käsesoße, Geflügelgerichte, Eierspeisen, Aufläufe, Pfeffernüsse
Verträgt sich mit: allen Gewürzen, außer Chilipulver
Anbau: Wächst in den Tropen
Anmerkung: Fördert in kleinen Mengen genossen die Verdauung

Zu beachten: Im Handel ist (von der gleichen Pflanze stammend) grüner, schwarzer und weißer Pfeffer erhältlich. Die grünen Pfefferkörner sind unreife, in Salz- oder Essiglake eingelegte Früchte. Schwarze Pfefferkörner sind unreife Früchte, die von der Sonne oder über schwachem Feuer getrocknet werden, bis sie schwarzbraun geworden sind. Weiße Pfefferkörner sind die reifen, gewässerten, getrockneten und danach geschälten Früchte. Schwarzer Pfeffer ist am aromatischsten, wenn wir ihn vor Gebrauch stets frisch mit der Pfeffermühle mahlen.

Geschichtliches: Indiens Bewohner haben schon 1 000 Jahre vor der Zeitrechnung mit Pfeffer gewürzt. Alexander der Große (356—323 v. u. Z.) lernte auf seinen Feldzügen, die ihn bis nach Indien führten, den Pfeffer schätzen. Er sorgte daher für dessen Einfuhr in seine griechische Heimat. Bald war Pfeffer im ganzen Mittelmeerraum beliebt und Ausdruck von Wohlstand und Reichtum. Noch im Mittelalter gehörte er auch in Mitteleuropa zu den teuersten Gewürzen. Viele Redensarten sind aus dieser Zeit erhalten. Noch heute kennen wir den Ausdruck »gepfefferte Preise«. Als »Pfeffersäcke« bezeichnete man im Mittelalter Kaufleute, die durch den Gewürzhandel reich geworden waren.

Pfeffereier
5 hartgekochte Eier, ½ l Weinessig, 1 Stück getrocknete Ingwerwurzel (etwa 1 bis 2 cm lang), 8 Pfefferkörner, 8 Pimentkörner, 1 bis 2 Chillies
Eier pellen und in einen Steintopf oder in ein anderes Gefäß legen. Weinessig mit Ingwer, Pfefferkörnern und Piment bei kleiner Flamme 10 Minuten kochen. Die Chillies in den Topf legen und die Eier mit dem gewürzten abgekühlten Essig übergießen. Gefäß fest zubinden und drei bis vier Wochen stehenlassen.

Pfefferminze

Mentha piperita (Prominenzenblätter, Edel-, Tee- und Oderminze)

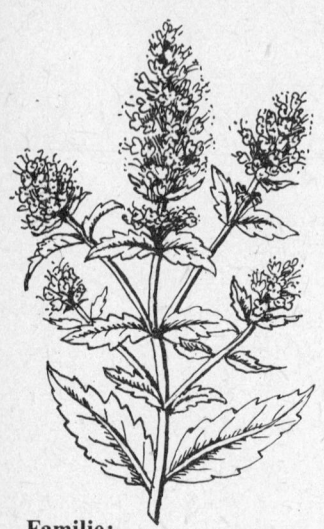

Familie: Lippenblütengewächse

Herkunft: Pfefferminze ist eine Kreuzung aus der eurasischen Wasserminze und der im Mittelmeerraum heimischen Grünen Minze

Verbreitung: Europa, südliche UdSSR und USA

Aussehen: Die ausdauernde bis zu 80 cm hohe Pflanze hat geteilte, länglich-eiförmige bis länglich-lanzettliche kleinsägezähnige Blätter und violette Blüten

Zum Würzen verwendete Teile: die frischen und die getrockneten Blätter

Geruch: mentholartig

Geschmack: scharf würzig, meist erfrischend, danach kühlend

Inhaltsstoffe: ätherisches Öl (Menthol und Menthan), Gerbstoffe

Verwendung: Pfefferminze: Fruchtsäfte und -cocktails, Quark, Obstsalat, Erbsen, Kartoffeln,
Krause Minze (eine andere Kulturform der Gattung Minze): Englische Mint-Sauce, Salatsoßen, Tomatencocktails, Omeletts, Obst- und Gemüsesalate, Leber, Eiscreme

Verträgt sich mit: milden frischen Kräutern

Anbau: Pfefferminze liebt feuchten humosen, nährstoffreichen Boden und Halbschatten. Sie läßt sich nur durch Ausläufer oder durch Kopfstecklinge vermehren. Die Ernte erfolgt mehrmals im Jahr vor der Blüte. Gedeiht auch am Küchenfenster und auf dem Balkon

Anmerkung: Pfefferminztee regt die Verdauung an, fördert die Gallentätigkeit und verringert Blähungen

Zu beachten: Die frischen Blätter der Pfefferminze und Krausen Minze haben die höchste Würzkraft. Beim Trocknen verlieren beide an Aroma. Pfefferminze läßt sich einfrieren. Wir können auch Essig damit aromatisieren. Minze wird kurz vor dem Servieren an die Speisen gegeben, denn in der Regel wird das Kraut nicht mitgekocht.

Geschichtliches: In alten Zeiten galt Minze als Totenpflanze und gleichzeitig als Heilmittel, vor allem gegen Beschwerden der Milz. Plinius d. Ä. (23—79) schrieb: »Man sagt, daß sie auch die Milz heile, wenn man neun Tage nacheinander im Garten, ohne sie zu pflücken, von ihr koste.« Gewiß war das ungewöhnliche »Abäsen«, das damit verbundene Bücken der eigentliche Gesundmacher. Früher schätzte man mehrere Minzenarten. Ein unbekannter Schreiber aus dem 9. Jahrhundert behauptete, es gäbe so viele Minzenarten, wie der Schlot eines Vulkans Feuer speie.

Englische Mint-Sauce
¹⁄₁₆ l Weinessig, ¼ l Wasser, ½ Eßl. Zucker, 3 Eßl. fein gewiegte Minze, 1 Prise Salz
Essig, Wasser und Zucker 5 Minuten kochen. Den Topf vom Feuer nehmen und 2 Eßl. fein gewiegte Minze zugeben. Die Soße zugedeckt kalt werden lassen. Kurz vor dem Servieren die restliche Minze zufügen und mit Salz abschmecken. In England wird die Mint-Sauce zu Hammelbraten, Hammelkotelett, zu gekochtem Rindfleisch und zu Fisch gegessen.

Piment

*Pimenta officinalis dioica (Gewürzkörner,
Nelkenpfeffer, Englischgewürz, Allgewürz, Neugewürz,
Jamaikapfeffer)*

Familie: Myrtengewächse
Herkunft: Mittelamerika
Verbreitung: Jamaika, Kuba.
Trinidad und
mittelamerikanische Staaten
Aussehen: Der immergrüne
6 bis 12 m hohe schlanke
Pimentbaum hat ganzrandige,
eiförmige Blätter und kleine
weiße Blüten, die in traubigen
Scheindolden stehen. Die
Früchte sind fast kugelige
erbsengroße Beeren, die im
unreifen Zustand grün sind
und später rotbraun bis

dunkelbraun werden. Ein
ausgewachsener Pimentbaum
liefert etwa 40 kg trockene
Früchte
Zum Würzen verwendete Teile:
die grünen Früchte, die in
Spezialöfen, seltener an der
Sonne, getrocknet werden.
Man verwendet sie ganz oder
gemahlen
Geruch: nelkenartig
Geschmack: nelkenähnlich,
pfefferscharf
Inhaltsstoffe: ätherisches Öl,
fettes Öl, Gerbstoff
Verwendung:
Weihnachtsgebäck, Obstsalat,
Reis, Suppen, Frikassee,
Soßen, Pasteten, Fischsuppen,
gekochter Fisch,
Fischmarinaden, Braten
Verträgt sich mit: Lorbeerblatt,
Nelke, Pfeffer,
Apfelsinenschale, Thymian,
Salbei, Majoran
Anbau: Wächst nur in den
Tropen
Anmerkung: Piment wird in
der Fischkonservenindustrie,
in der Parfüm- und
Kosmetikindustrie gebraucht.
Es ist Bestandteil von
Currypulver,
Lebkuchengewürzen,
Wurstgewürzmischungen und
Einmachgewürzen

Zu beachten: Piment wird am besten erst kurz vor dem Gebrauch zerstoßen oder gemahlen, um sein Aroma zu bewahren. Man kocht es mit, ganz oder gemahlen.

Geschichtliches: Die Azteken, die Einwohner Alt-Mexikos, würzten ihr berühmtes Schokoladengetränk mit Vanille und Piment, oft auch mit Pfeffer. In Europa wurde Piment erst nach der Entdeckung Amerikas bekannt. Anfangs wußte man wenig mit Piment anzufangen. Doch im 17. Jahrhundert fand es regen Zuspruch und war oft sogar beliebter als andere exotische Gewürze.

Gebackene Apfelsinenscheiben

2 Apfelsinen, 3 Eßl. Zucker, 1 Teel. gemahlenes Piment (oder mehr), 50 g Butter

Apfelsinen unter Wasser gut bürsten und mit der Schale in dünne Scheiben schneiden. Zucker und Piment mischen und die Apfelsinenscheiben darin von beiden Seiten wälzen. Butter in der Bratpfanne auslassen und Apfelsinenscheiben von beiden Seiten bei mittlerer Flamme braten, bis die Schale leicht gebräunt ist. Mit gebratenem Fleisch servieren.

Pimentmandeln

250 g Mandeln, 2 Eßl. Salz, 1 gestrichener Teel. gemahlenes Piment

Mandeln mit kochendem Wasser überbrühen. Einige Minuten stehenlassen. Danach schälen und sorgfältig trockentupfen. Im Backofen bei mittlerer Hitze (190–220 °C) etwa 15 bis 20 Minuten knackig rösten. Salz und Piment mischen und die warmen Mandeln mit den Handflächen sparsam damit einreiben. Luftdicht verschlossen aufbewahren. – Je nach Geschmack kann man auch ein wenig Gewürzpaprika unter die Gewürzmischung geben.

Rosmarin

Rosmarinus officinale (Meertau, Marie Reinigung, Rosemarie, Weihrauchkraut, Brautkraut, Kranzenkraut)

Familie: Lippenblütengewächse

Herkunft: Mittelmeerraum

Verbreitung: Südeuropa, südliche UdSSR, Marokko, Tunesien, USA

Aussehen: Der ausdauernde immergrüne bis zu 1,50 m hohe holzige Halbstrauch hat lederartige, am Rand nach unten eingerollte Blätter (Oberseite dunkelgrün glänzend, Unterseite weiß oder graufilzig) und kleine blaßblaue Blüten

Zum Würzen verwendete Teile: die frischen und getrockneten Blätter und die jungen Triebspitzen

Geruch: weihrauchartig, aromatisch

Geschmack: harzig bitter, würzig

Inhaltsstoffe: ätherisches Öl, Gerbstoff, Bitterstoff, Harz

Verwendung: Tomaten- und Selleriesalat, Tomaten- und Kräutersoßen, Marinaden, Fisch- und Gemüsesuppen, Hammelbraten, Geflügel-, Wild- und Fischgerichte, Geflügelfüllungen, Kohl, Mayonnaisen

Verträgt sich mit: Thymian, Majoran, Paprika, Wacholderbeere, Petersilie

Anbau: Rosmarin braucht lockeren Boden, viel Sonne und ein geschütztes Plätzchen. Im Winter lagern wir ihn im Haus an einem hellen kühlen Ort. Die Aufzucht aus dem Samen ist mühsam, am besten sind Jungpflanzen. Die Ernte der zum Trocknen vorgesehenen Blätter erfolgt zur Zeit der Blüte

Anmerkung: Rosmarintee stärkt Kreislauf und Magen

Zu beachten: Rosmarinblätter lassen sich mitbraten und mitkochen. In frischem Zustand geben wir das Kraut sparsam kurz vor dem Anrichten an die Speise. Wird es mitgekocht, würzen wir mit etwas frischem Kraut nach, weil der Aromaverlust ziemlich hoch ist. Mit den ganzen Trieben läßt sich Essig für Salatsoßen aromatisieren.

Geschichtliches: In alten Zeiten betrachtete man Rosmarin als eine verehrungswürdige Pflanze. Die Griechen waren davon überzeugt, daß sich die Götter mehr über einen Rosmarinkranz freuten als über Gold. Im Mittelalter schrieb man Rosmarin die Kraft zu, böse Geister zu verbannen. Zur Hochzeit trug die Braut daher einen Kranz aus Rosmarin im Haar. Alte Kräuterbücher preisen Rosmarin vor allem als Heilpflanze. Der Kräutergelehrte Otho Brunfels behauptete, Rosmarin mache »keck und hertzhafftig« und »retardieret das Alter, allen Tag getrunken«. Er empfahl es unter anderem auch gegen Gedächtnisschwund und Fettsucht.

Kräuterspaghetti

3 Eßl. Salatöl, 1 Tasse feingehackte Zwiebel, 1 zerdrückte Knoblauchzehe, ½ bis 1 Eßl. feingehackte Rosmarinblätter, 2 feste Tomaten, ½ Tasse Weißwein, Salz und Pfeffer, 1 Eßl. gehackte Petersilie, Reibkäse, 1 Paket Spaghetti

Öl in einer großen Pfanne erhitzen, Zwiebeln darin goldgelb dünsten. Knoblauch und Rosmarin zufügen und bei schwacher Flamme etwa 5 Minuten garen. Tomaten mit kochendem Wasser übergießen, enthäuten, kleinschneiden und zufügen. 2 Minuten kochen lassen. Wein, Salz, Pfeffer und Petersilie zufügen und 1 Minute erhitzen. Krautsoße über die heißen — nach Vorschrift gekochten — Spaghetti gießen und mit reichlich Reibkäse bestreuen.

Salbei

Salvia officinalis (Tugendsalbei, Königssalbei, Griechischer Tee, Zahnblätter, Schmale Sophie, Zafferblätter)

Zum Würzen verwendete Teile: die frischen und die getrockneten Blätter

Geruch: stark aromatisch

Geschmack: streng, würzig bitter

Inhaltsstoffe: ätherisches Öl

Verwendung: Fischsalat, Kräuterbutter, Kräutersoßen, weiße Soßen, Fischsuppen, gedünsteter oder gebratener Fisch, Hackfleisch, Hammel- und Schweinebraten, Schaschlyk, Leber, Zwiebel- und Porreegemüse, Tomaten, Quark, Omeletts, Kräuteressig, Tee

Verträgt sich mit: Pfefferminze, Rosmarin, Bohnenkraut, Majoran, Basilikum, Knoblauch, Zwiebel, Ingwer, Lorbeerblatt

Anbau: Salbei liebt alkalischen Boden. Gedeiht auch im Halbschatten. Samen erst nach Beendigung der Frostgefahr aussäen oder wenige Jungpflanzen kaufen. Geerntet wird kurz vor der Blütezeit. Salbei gedeiht auch im Blumentopf oder -kasten

Anmerkung: Salbeitee macht den Atem frisch. Seine bakterientötenden Stoffe lindern Entzündungen im Rachenraum

Familie: Lippenblütengewächse

Herkunft: Mittelmeerraum

Verbreitung: Europa, USA

Aussehen: Der ausdauernde bis zu 70 cm hohe Halbstrauch hat einen gräulichen, stark verzweigten Stengel, graugrüne längliche Blätter und blauviolette, selten auch rötliche oder weiße zweilippige Blüten, die in lockeren Scheinquirlen stehen

Zu beachten: Salbei wird wegen seines leicht bitteren Geschmacks nur in kleinen Mengen verwendet. Für eine Portion Fleisch genügt ein Blatt frischer oder eine Messerspitze getrockneter Salbei. Getrockneter Salbei hat eine größere Würzkraft als frischer. Am besten entfaltet Salbei sein Aroma, wenn wir ihn im Fett mitbraten. Salbei läßt sich gut trocknen.

Geschichtliches: Seit uralten Zeiten wird Salbei als Küchenkraut und Heilmittel geschätzt. Cäsar war von der Wirkung dieses Krautes so überzeugt, daß er beim Erhalt der Nachricht vom Tode eines Freundes bestürzt ausgerufen haben soll: »Aber er hatte doch Salbei im Garten!« Spötter erwiderten, gegen den Tod sei kein Kraut gewachsen. Trotzdem blieb der Glaube an die »Wunderdroge« über Jahrhunderte erhalten. In England sagen die Leute noch heute: »Wer ewig leben will, muß im Mai Salbei essen.« Mit Salbeiblättern eingeriebene Zähne sollen weißer werden, sagten die Alten.

Salbei-Zwiebel-Füllung
4 große Zwiebeln, 10 getrocknete Salbeiblätter (oder 12 bis 14 frische), 100 g frische Weißbrotkrumen, 45 g Margarine, Salz und Pfeffer, 1 Eigelb
Zwiebeln schälen und 10 Minuten ganz im Wasser kochen. Kurz vor dem Herausnehmen Salbeiblätter 1 Minute mit ins kochende Wasser geben. Beides auf einem Durchschlag abtropfen lassen und fein hacken. Brotkrumen, Butter, Salz, Pfeffer und Eigelb zufügen und mit den Händen gut durcharbeiten. Mit dieser Masse können wir eine Ente oder ein Huhn füllen. Man kann sie auch in einer gefetteten Kastenform mit Schweinebraten im Backofen braten. Gebacken schmeckt sie auch ohne Fleisch zum Abendbrot.

Schnittlauch

Allium schoenoprasum (Schnittling, Graslauch, Binsenlauch)

Familie: Liliengewächse
Herkunft: Nördliche Erdhalbkugel
Verbreitung: Europa, Mittelasien, Sibirien, Nordamerika. Wächst wild an sandig-feuchten Plätzen, im Gebirge und in Flußtälern
Aussehen: Die ausdauernde 15 bis 20 cm hohe Pflanze hat röhrenförmige Blätter und Doldenkugeln aus kleinen dunkelrosa bis weißen Blüten. Die Blütenstengel sind im Unterschied zu den Blättern nicht hohl
Zum Würzen verwendete Teile: die Blattröhren
Geruch: lauchartig
Geschmack: scharf würzig, zwiebelartig
Inhaltsstoffe: Vitamin C, Carotin, Vitamin B_2, ätherisches Öl, Mineralstoffe
Verwendung: Tomaten-, Gurken- und Blattsalat, Kräutersoßen, Suppen, Gemüse, Eierspeisen, Quark, Joghurt, saure Sahne, Fisch- und Fleischgerichte, Kartoffeln, Mayonnaise, Kräuterbutter
Verträgt sich mit: allen milden Kräutern, Zwiebel, Knoblauch
Anbau: Schnittlauch bevorzugt feuchten kräftigen Boden und viel Sonne. Er läßt sich aus dem Samen oder durch Teilen älterer Stöcke und auch im Blumentopf am Fenster ziehen. Beim Ernten nicht zu bodennah abschneiden. Nach zwei Jahren Schnittlauchstaude teilen
Anmerkung: Schnittlauch wirkt appetitanregend und verdauungsfördernd

Zu beachten: Beim Kochen wird das Schnittlauch-aroma zerstört und der Gehalt an Vitamin C stark vermindert. Deshalb verwenden wir das Kraut nur frisch.

Geschichtliches: Wildwachsender Schnittlauch wurde bereits von den Völkern des Altertums als Arznei und Küchengewürz geschätzt. Otho Brunfels pries seine Wirkung gegen Schwerhörigkeit, Magenbeschwerden und Verstopfung. Leonhard Fuchs (1501–1566) empfahl in seinem »New Kräuterbuch« aus dem Jahre 1543 eine Mischung aus Schnittlauchsamen, Weihrauch und Essig gegen Nasenbluten. Mit Honig vermengt, hielt er ihn für ein Heilmittel gegen den Biß giftiger Tiere. »Der Lauch offt in der speiß gebraucht, macht die frawen (Frauen) fruchtbar«, prophezeite er. »In summa ist er gut zu allen krankheiten des leibs, ausgeschlossen der nyeren«, heißt es in einem anderen Kräuterbuch aus dem 16. Jahrhundert. Den Ruf, gesund zu sein, hat sich der Schnittlauch wegen seines hohen Gehalts an Vitamin C bis heute zu Recht bewahrt.

Bunter Sommersalat

1 Kopfsalat, 250 g Tomaten, 1 kleine Salatgurke, 125 g gewässerter Schafkäse, 4 Eßl. Salatöl, 2 Eßl. Weinessig, 1 zerdrückte Knoblauchzehe, Salz und frisch gemahlener Pfeffer, 2 Bund Schnittlauch

Salat putzen und entblättern, vorsichtig waschen, im Durchschlag gut abtropfen und auf einem Geschirrtuch ausgebreitet trocken werden lassen. Tomaten und Gurke waschen und in dünne Scheiben schneiden. Salatblätter dazugeben. Schafkäse darüberbröseln. Öl, Essig, Knoblauch, Salz und Pfeffer verrühren, einen Tropfen Wasser zufügen, damit sich das Salz besser löst, den feingeschnittenen Schnittlauch zufügen. Salatsoße erst bei Tisch über den Salat gießen und mit einem Holzbesteck alles vermischen.

Senf, weißer

Sinapis alba (Senfkörner, weißer, gelber, Englischer oder Holländischer Senf, Gartensenf, Senfsaat)

Familie: Kreuzblütengewächse
Herkunft: Südeuropa
Verbreitung: Europa, UdSSR, Japan, Indien, Australien, Süd- und Nordamerika
Aussehen: Die einjährige, bis 60 cm hohe Pflanze hat gefiederte, steifhaarige Laubblätter und Doldentrauben aus kleinen dottergelben Kreuzblüten. Daraus entwickeln sich Schoten mit Kugelsamen
Zum Würzen verwendete Teile: die Samen
Geruch: Die Senfsaat wird erst beim Quellen aromatisch
Geschmack: zuerst angenehm nußartig, dann meerrettich-ähnlich scharf
Inhaltsstoffe: fettes Öl, Eiweißstoffe, Senfölglykoside
Verwendung: Senf- und Zuckergurken, eingelegte Heringe, Mixed Pickles, Kürbis, Fischmarinaden, Sauerkraut, Kohl, Currygerichte
Verträgt sich mit: Lorbeerblatt, Piment, Nelke, Zwiebel, Knoblauch und anderen Gewürzen. Verstärkt das Aroma frischer Kräuter
Anbau: Wir können Senf zwar selber anbauen, doch ist es einfacher, ihn zu kaufen. Im Winter lohnt es sich, Senfkörner auf einer mit nassem Zellstoff ausgelegten Schale wie Kresse zu ziehen und die zarten grünen Keimblätter Salaten beizugeben
Anmerkung: Senfkörner erleichtern die Verdauung

Zu beachten: Die Samen des schwarzen Senfes sind schärfer als die des weißen. Der Schärfegrad unseres Tafelsenfs richtet sich nach dem jeweiligen Verhältnis von schwarzem und gelbem Senf. Tafelsenf ist gut verschlossen und kühl aufbewahrt sehr lange haltbar. Senfkörner entfalten ihr Aroma erst allmählich, zum Beispiel in Marinaden.

Geschichtliches: Das erste Senfrezept hat uns der Römer Columella aus dem 1. Jahrhundert u. Z. hinterlassen. Seine Landsleute würzten mit Senfkörnern vor allem Rüben, aber auch Fleisch und Fisch. Die alten Kräuterheilkundigen haben Senf für viele Zwecke verwendet. Einige Anwendungen kennen wir noch heute, zum Beispiel Senfpflaster und Senfmehl-Umschläge bei Entzündungen. Andere Ratschläge aus alter Zeit wirken auf uns erheiternd. So sollte Senföl zum Beispiel das Ergrauen der Haare verhindern oder Menschen »vor dem Schlag« behüten.

Senfgurken

1 500 g geschälte, entkernte gelbe Gurken, 500 g Zwiebeln, 2 grüne entkernte Paprikaschoten, 45 g Salz, 300 g Zucker, 45 g Senfkörner, 1 Teel. Kurkuma, ½ Teel. gemahlene Muskatblüte, 600 ml Weinessig

Gurken, Zwiebeln sowie die in dünne Ringe geschnittenen Paprikafrüchte in eine Schüssel legen, mit Salz bestreuen, gut vermischen und zugedeckt zwei bis drei Stunden stehenlassen. Auf einem Durchschlag abtropfen lassen, gründlich mit kaltem Wasser abspülen und nochmals gut abtropfen lassen. Alle übrigen Zutaten in einen Topf geben und zwei Minuten lang kochen lassen. Das Gemüse dazufügen, von Zeit zu Zeit umrühren, einmal aufkochen lassen. Gurkengemüse in saubere trockene Gläser oder in einen kleinen Steintopf füllen. Fest zubinden. Mindestens drei Wochen stehenlassen.

Sternanis

Illicium verum (Schiffsanis, Indischer Anis, Sibirischer Anis, Chinesischer Anis)

Familie: Magnoliengewächse
Herkunft: Südostasien
Verbreitung: Südostasien, Japan, Philippinen und geringfügig in anderen Tropenländern
Aussehen: Der immergrüne Sternanisbaum erreicht gewöhnlich eine Höhe von 4 bis 6 m, hat lange lanzettförmige Blätter und grünlichgelbe Blüten. Seine Frucht besteht zumeist aus sechs bis acht einsamigen dunkelbraunen, sternförmig angeordneten Einzelfrüchten, von denen jede einen braunen glänzenden Samen enthält
Zum Würzen verwendete Teile: gemahlene Früchte, Samen
Geruch: anisähnlich
Geschmack: würzig bis süßlich

Inhaltsstoffe: ätherisches Öl
Verwendung: Süßsaure Pflaumen, Pflaumenmus, fernöstliche Geflügel- und Schweinefleischgerichte, gebackene Schweinerippchen. Geeignet zum Aromatisieren von Sojasoße
Verträgt sich mit: Fenchel, Pfeffer, Nelke, Ingwer, Zimt
Anbau: Wächst nur in den Tropen
Anmerkung: Sternanis ist in Gallen- und Brusttee enthalten. Gilt als Hustenmittel und hilft bei Blähungen. In der Industrie wird Sternanis für die Herstellung von Kräuterlikör, Hustensaft, Bonbons und Zahnpasta verwendet

Zu beachten: Sternanis ist bedeutend aromatischer als Anis, er entfaltet beim Kochen ein feines ätherisches Öl. In der Regel genügen ein bis zwei Samen für vier Portionen. Zum Einmachen werden häufig ganze Sterne verwendet. Gemahlener Sternanis verliert schnell sein Aroma. Wir mahlen ihn daher am besten erst kurz vor Gebrauch. Ungemahlen behält er seine Würzkraft etwa drei Jahre lang.

Geschichtliches: In China war Sternanis schon etwa 1 000 Jahre v. u. Z. bekannt. Er ist für die fernöstliche Küche bis heute unentbehrlich. Der Weltumsegler Thomas Cavendish brachte ihn 1588 von den Philippinen mit nach Europa.

Chinesische Knoblauchrippchen

500 g Schweinerippchen, 1 Teel. Salz, 2 bis 3 zerdrückte Knoblauchzehen, 2 Eßl. Ingwerpulver, 4 Eßl. feingehackte Zwiebeln, 3 Teel. Zucker, 4 Eßl. Sojasoße (oder Erwa-Speisewürze), 3 Eßl. Madeira (oder trockener Wermut), 1 Messerspitze Zimt, 1 Messerspitze Piment, 1 Messerspitze Nelkenpulver, 1 Messerspitze Sternanis, frisch gemahlener Pfeffer, 4 Eßl. Öl, 1 Tasse Brühe

Rippchen zerschneiden und mit Salz einreiben. Öl in der Bratpfanne erhitzen, Zwiebeln, Knoblauch und Ingwer zufügen. 1 Minute lang unter Rühren braten. Rippchen zufügen und 5 Minuten ebenfalls unter Rühren braten. Alle übrigen Gewürze dazugeben und bei schwacher Hitze 2 Minuten weiterbraten. Brühe darübergießen und Rippchen darin wälzen. Zugedeckt 20 Minuten bei schwacher Hitze dünsten. Danach einmal umrühren und weitere 10 Minuten dünsten. Rippchen auf den Bratenrost legen und im vorgeheizten Backofen (200 °C) 8 bis 10 Minuten backen. (Falls sie noch zu feucht sind, etwas länger im Ofen lassen.) Dazu gibt es Reis.

Thymian

*Thymus vulgaris (Gartenthymian, Sommerthymian,
Römischer oder Welscher Quendel)*

Familie:
Lippenblütengewächse
Herkunft: Westliches
Mittelmeergebiet
Verbreitung: Süd- und
Mitteleuropa, Nordafrika,
UdSSR
Aussehen: Der 20 bis 30 cm
hohe, stark verästelte
Halbstrauch hat sehr kleine
eiförmige Blätter und rosa bis
lila Blüten
Zum Würzen verwendete Teile:
die Blätter und die jungen
Triebe, frisch und getrocknet
Geruch: aromatisch
Geschmack: würzig scharf,
etwas bitterlich, nelkenartig
Inhaltsstoffe: ätherisches Öl
Verwendung: Kräuterbutter,
Salate, Suppen, Leber, Fleisch
mit dunkler Soße, Hackbraten,
Eierspeisen, Tomaten,
Zwiebeln, Einlegen von
Gurken, Kräuteressig,
Marinaden, Schmalztöpfe
Verträgt sich mit: Zwiebel,
Petersilie, Lorbeer, Knoblauch
Anbau: Thymian braucht
kalkhaltigen Boden in sonniger
Lage. Die Ernte erfolgt ein- bis
zweimal im Jahr. Wir können
Thymian durch Teilung älterer
Pflanzen anbauen oder ins
Freie aussäen. Er wächst auch
im Blumentopf am Fenster
Anmerkung: Thymian wirkt
lindernd bei
Verdauungsbeschwerden und
Magenkrämpfen

Zu beachten: Thymian ist ein sehr intensives Gewürz. Daher Vorsicht beim Dosieren! Er entfaltet sein Aroma erst beim Kochen. Ein Eßlöffel getrockneter Thymian hat etwa die dreifache Würzkraft des frischen. Am würzigsten ist Thymian im August, kurz vor der Blüte. Es ist daher der beste Erntezeitpunkt.

Geschichtliches: Der Name Thymian stammt vom griechischen Wort thymos = Mut, Kraft. In Altägypten verwendete man Thymian auch zum Einbalsamieren von Toten. Die alten Griechen räucherten ihr Fleisch mit Thymian und würzten mit ihm Käse und Wein. Im Mittelalter galt Thymian als mut- und kraftspendende Pflanze. Bei Kampfspielen trugen die Ritter Thymiansträußchen im Knopfloch. Aus der Mark Brandenburg ist uns ein alter Spruch überliefert, wonach sich die Bräute einen Thymianzweig in den Schuh legten: »Ich tret', ich tret' up Thymian, kieck du mir keene andere an.«

Porreesalat mit Thymian

8 kleine bis mittelgroße Porreestangen, 3 Eßl. Salatöl, 1 Eßl. Weinessig, ½ zerdrückte Knoblauchzehe, Pfeffer, Salz, 2 Teel. frischer gehackter Thymian

Porree putzen und gründlich unter fließendem Wasser waschen (er enthält meistens viel Sand), in 4 bis 5 cm lange Stücke schneiden und in wenig Salzwasser 15 Minuten weich dünsten. Gut abtropfen lassen. Aus Öl, Weinessig, Knoblauch, Salz und frisch gemahlenem Pfeffer eine Salatsoße rühren und über die noch warmen Porreestücke gießen. Mit feingehacktem Thymian bestreuen und diesen behutsam unterheben. Kalt servieren.

Vanille

Vanilla planifolia (Königin der Gewürze)

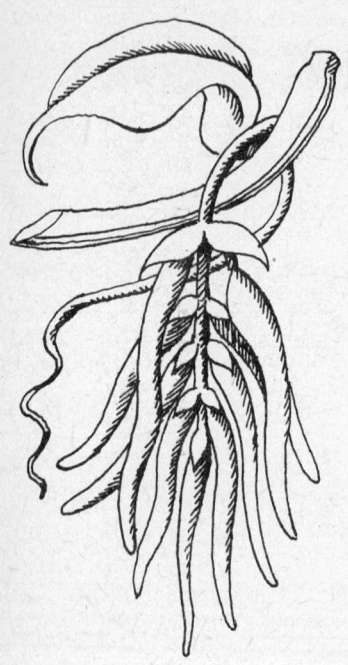

ovale bis lanzettliche dunkelgrüne Blätter und gelblichgrüne wohlriechende, jeweils nur einen halben Tag geöffnete Blüten. Daraus entstehen die bis zu 35 cm langen Früchte, die vor der Reife im gelblichgrünen Zustand abgeschnitten, fermentiert und getrocknet werden, bis sie ihre typische Farbe erhalten und sich das Vanillin, der spezifische Geruchsstoff, gebildet hat

Zum Würzen verwendete Teile: die Früchte

Geruch: angenehm aromatisch

Geschmack: süßlich-würzig

Inhaltsstoffe: Vanillin, andere Aromastoffe, Harze

Verwendung: Milch- und Fruchtsuppen, Vanille- und Schokoladensoße, Eierkuchen, Quarkspeisen, Apfel-, Birnen- und Stachelbeerkompott, Pudding, Schokoladen- und Kakaogetränke, Konfekt, Tortencremes, süße Aufläufe, Vanillezucker

Verträgt sich mit: Zucker, Zimt, Ingwer, Nelke

Anbau: Wächst nur in den Tropen

Anmerkung: Vanille wird in der Zuckerwaren- und Schokoladenindustrie viel verwendet

Familie: Knabenkrautgewächse

Herkunft: Mexiko

Verbreitung: Mittelamerika, Madagaskar, Antillen, Polynesien

Aussehen: Die Vanillepflanze ist eine an Bäumen, Sträuchern oder Pfählen kletternde Liane. Sie kann unkultiviert 6 bis 10 m Höhe erreichen. Für den Kulturanbau wird sie 1,75 m hoch abgeschnitten. Sie hat

Zu beachten: Für besonders feine Süßspeisen schneiden wir die Frucht längs auf, kratzen das darin enthaltene Mark mit einem spitzen Küchenmesser heraus und verwenden es als Gewürz. Die Schale der Frucht lassen wir kurz mitkochen, trocknen sie sorgsam ab, bewahren sie in Zucker auf — das Gefäß muß fest verschlossen sein — und erhalten so Vanillezucker. Die schwarzen Pünktchen in der Speise sind ein Beweis, daß »echte« Vanille verwendet wurde.

Geschichtliches: Die Ureinwohner Mexikos, die Azteken, kamen als erste auf die Idee, ihren Schokoladentrunk mit Vanille zu würzen. Ein französischer Mönch brachte die Vanille im 16. Jahrhundert nach Spanien, wo man bald begann, das braune aztekische Getränk nachzuahmen.

Vanillemürbchen

120 g Margarine, ½ Vanillestange, 90 g Zucker, 140 g Mehl, ½ Teel. Backpulver, 1 bis 2 Eßl. Eiswasser
Zum Garnieren ganze Mandeln oder halbierte glasierte Kirschen
Margarine zerlassen und leicht bräunen. In eine Schüssel gießen und diese in kaltes Wasser stellen. Vanille aufschlitzen, das Mark auskratzen und mit dem Zucker vermischen. Den gewürzten Zucker in die kalte Margarine schütten und cremig rühren. Nach und nach das mit Backpulver gesiebte Mehl zufügen und gut verkneten. Wenn sich die Zutaten schwer binden, wenig eiskaltes Wasser zufügen. Mit bemehlten Händen walnußgroße Teigbälle formen und leicht flachdrücken. In die Mitte jedes Plätzchens eine geschälte Mandel oder eine halbierte Kirsche legen. Das Backblech in die Mittelschiene des Backofens schieben und bei 180 °C etwa 20 Minuten lang goldbraun backen. Nach dem Auskühlen luftdicht verschlossen aufbewahren.

Wacholder

Juniperus communis (Kranewitt, Machandelbaum, Feuerbaum, Rüchersträuch, Krammetbeere)

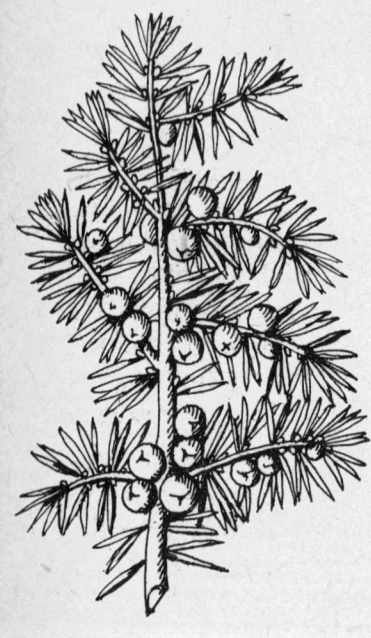

Er hat graugrüne spitze Nadeln und dunkelbraun-schwärzliche, teilweise auch rotbraune Beerenzapfen mit einem graublauen wachsartigen Überzug. In den Beeren befinden sich drei Samen

Zum Würzen verwendete Teile: die Beerenzapfen

Geruch: Die zerquetschten Beeren riechen würzig

Geschmack: angenehm würzig-süß, schwach bitter

Inhaltsstoffe: ätherisches Öl, Bitterstoffe, Gerbstoff, Harz u. a.

Verwendung: Fruchtsoßen, Schmorfleisch, Rinder-, Wild- und Geflügelbraten, Kochfisch, Fischmarinaden, Sauerkraut, rote Bete

Verträgt sich mit: Petersilie, Thymian, Fenchel, Majoran, Lorbeer, Minze, Beifuß, Knoblauch, Wein

Familie: Zypressengewächse

Herkunft: Nördliche Erdhalbkugel

Verbreitung: Nördliche Erdhalbkugel. Wacholder steht in der DDR unter Naturschutz. Das Sammeln der Beerenzapfen ist jedoch erlaubt

Aussehen: Der immergrüne Nadelholzstrauch bleibt meist niedrig (1 bis 3 m), kann aber auch bis zu 12 m hoch werden.

Anbau: Wacholder gedeiht im Garten auf sandigem, armem Boden. Es dauert einige Jahre, bis weibliche Exemplare Früchte tragen. Wacholderbeeren brauchen von der Blüte bis zur Reife zwei Jahre

Anmerkung: Wacholdertee wird in der Heilkunde bei Blasen- und Harnleiden verordnet

Zu beachten: Wacholderbeeren dürfen nicht in größeren Mengen verwendet werden. In bestimmter Konzentration rufen sie Gesundheitsschäden hervor. Für 1 kg Fleisch oder für Marinaden von gleichem Gewicht nehmen wir 4 bis 6 Stück. Wacholderbeeren können ganz, gemahlen oder zerstoßen verwendet werden.

Geschichtliches: Kaum ein anderes Gewürz war mit soviel Aberglauben verknüpft wie Wacholder. Die Germanen glaubten, Leute, die es wagten, einen Wacholderstrauch abzuschlagen, seien ihr Leben lang vom Unglück verfolgt. Im Mittelalter hoffte man, sich mit Wacholderbeeren Hexen vom Leib zu halten und gestohlene Ware wiederzufinden. Kräuterheilkundige behaupteten, sie könnten mit Wacholderbeeren Schlangen in die Flucht schlagen, Bauchgrimmen, Husten, Blähungen, Melancholie und sogar die Pest vertreiben.

Wacholdersauerkraut

1 feingehackte Zwiebel, 1 zerdrückte Knoblauchzehe, 1 feingehackter Apfel, 60 g Margarine, 5 bis 7 zerdrückte Wacholderbeeren, 500 g Sauerkraut, ¼ l Brühe, 1 Tasse Joghurt oder saure Sahne

Zwiebel, Knoblauch und Apfel in zerlassener Margarine bei schwacher Flamme weich dünsten. Den zerdrückten Wacholder, die Brühe und das Sauerkraut zufügen. 2 bis 3 Minuten auf kleiner Flamme kochen. In eine feuerfeste Form schütten und im Backofen bei 140 °C 45 bis 60 Minuten garen. Kurz vor dem Servieren Joghurt oder Sahne zugießen. Mit gegrilltem Kotelett oder mit Würstchen auftragen.

Zimt

Cinnamomum ceylanicum (Ceylonzimt, Ceylonkaneel, Echter oder Edler Zimt) und Cinnamomum cassia (Chinesischer Zimt, Kassia, Kassienzimt)

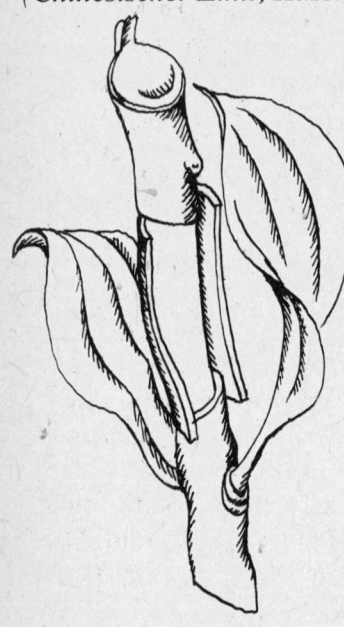

Familie: Lorbeergewächse
Herkunft: Es gibt viele Zimtarten. Die beiden wichtigsten sind Ceylonzimt und Kassia. Ceylonzimt stammt aus Südostasien, Kassia kommt aus China
Verbreitung: Sri Lanka (früher Ceylon), Seychellen, Südindien, Madagaskar, Martinique, Jamaika, Guayana, Brasilien, Indonesien
Aussehen: Der immergrüne bis zu 10 m hohe Ceylonzimtbaum hat eiförmige meergrüne Blätter und kleine grünlichgelbe Blüten
Zum Würzen verwendete Teile: die getrocknete Rinde des Zimtbaumes
Geruch: Ceylonzimt: aromatisch würzig; Kassia: kräftig gewürzhaft
Geschmack: Ceylonzimt: feurig-gewürzhaft; Kassia: brennend würzig, süß
Inhaltsstoffe: ätherisches Öl
Verwendung: Weihnachtsgebäck, Obstsalat, Bratäpfel, Frucht- und Milchsuppen, Näschereien aus Schokolade, Zimttoast, Zimtmilch, Quark-, Reis- und Grießpudding, Birnen-, Kürbis- und Pflaumenkompott, Eierkuchen, Schmorgurken, Currygerichte, Zwiebelgemüse
Verträgt sich mit: Nelke, Piment, Zitronen- und Apfelsinenschale, Muskat, Vanille, Koriander; Bestandteil vieler Würzmischungen, zum Beispiel Currypulver und Lebkuchengewürz
Anbau: Wächst nur in den Tropen
Anmerkung: Zimtöle gelten in der Medizin als magenstärkend und verdauungsanregend

Zu beachten: Ceylonzimt wird meistens in geschnittenen Stangen angeboten. Gemahlener Zimt besteht in der Regel aus Kassiazimt, hat jedoch oft auch einen Anteil Ceylonzimt. Zimtpulver verliert sein Aroma schnell. Daher kaufen wir es nur in kleinen Mengen. Zimtstangen lassen sich drei bis vier Jahre aufbewahren. Zimt wird in der Regel mitgekocht.

Geschichtliches: Zimt ist eines der ältesten Gewürze der Erde. Reiche Leute vergangener Zeiten verwendeten es nicht nur in der Küche, sondern vor allem zur Bereitung von aromatischen, wohlriechenden Salbölen, Räuchermitteln und Schönheitstinkturen. Auch in der Medizin fand es Anwendung. Griechische und römische Ärzte verschrieben Zimt gegen Husten und Schnupfen, Wassersucht und allerlei Herzbeschwerden. Der römische Kaiser Augustus (63 v. u. Z. bis 14 u. Z.) ließ im Palatinischen Tempel eine Zimtwurzel auf einer goldenen Schale auslegen; und Kaiser Vespasian (9–79 u. Z.) befahl, in sämtlichen Tempeln goldgefaßte Zimtkränze aufzuhängen. Später, im Mittelalter, wurden Zimtwurzeln mit Vorliebe in Honig oder Zucker gesotten.

Zimtäpfel
4 Äpfel, 1 Eßl. Zimt, 60 g Butter, 2 Eßl. Zucker, 60 g Walnüsse, 60 g Nougat (Nugana), $\frac{1}{8}$ l Weißwein, $\frac{1}{8}$ l Schlagsahne, 1 Tüte Vanillinzucker (oder ausgekratztes Mark einer halben Vanillestange)
Äpfel waschen, halbieren und das Kerngehäuse herausschneiden. Apfelhälften in eine gefettete feuerfeste Form legen. Mit Zimt bestreuen. Butterflöckchen darüber verteilen. Zucker, gehackte Walnüsse und Nougatstückchen vermischen und darübergeben. Mit Weißwein begießen, mit Alufolie oder Butterbrotpapier bedecken und bei 220 °C bis zu 30 Minuten backen. Schlagsahne auf die Apfelstücke verteilen.

Zitronenmelisse

*Melissa officinalis (Muttertee, Herztrost, Frauenwohl,
Bienen-, Frauen-, Pfaffen-, Zitronen- oder
Wanzenkraut)*

Familie:
Lippenblütengewächse
Herkunft: Östliches
Mittelmeergebiet, Kleinasien
Verbreitung: Europa,
Kleinasien, südliche UdSSR,
Nordafrika
Aussehen: Die ausdauernde bis
zu 80 cm hohe Pflanze hat
langstielige, eiförmige,
gekerbt-gesägte Blätter und
bläulichweiße oder
gelblichweiße Blüten
Zum Würzen verwendete Teile:
die frischen und getrockneten
Blätter

Geruch: beim Zerreiben
zitronenartig
Geschmack: zitronenartig,
leicht bitter
Inhaltsstoffe: ätherisches Öl,
Bitterstoff, Gerbstoff, Harz
Verwendung: Kräutersoßen,
grüner Salat, Frischkostsalate,
Pilzspeisen, Wildgerichte,
Mayonnaisen, Joghurt,
Milchgetränke, Bowlen,
Limonaden, Kräuteressig, Tee
Verträgt sich mit: Dill,
Estragon, Borretsch und
anderen frischen Kräutern
Anbau: Die Zitronenmelisse
liebt guten, nicht zu trockenen
Boden und einen sonnigen
Standort. Sie bevorzugt
humusreichen Boden. Die
Samen werden im Frühbeet
oder im Zimmer vorgezogen
und nach Ende der Frostgefahr
ausgepflanzt. Zitronenmelisse
läßt sich auch durch
Wurzelstockteilung
vermehren. Vor der Blüte
ernten und im Schatten
trocknen
Anmerkung: Frische
Zitronenmelisse lindert
Insektenstiche, der Tee hilft
bei Reizbarkeit, Schlaflosigkeit
und Verdauungsstörungen